국어의 語彙로는 固有語로 된 것과 漢字語로 된 것이 있다. 한 調査에 의하면 국어와 漢字語 語彙의 比率에서 漢字語가 60% 以上이라 한다.

뿐만 아니라 漢字語彙들은 국어 語彙 가운데에서도 中樞的인 部位에 屬한다. 漢字語라 하면 그것이 中國에서 들어온 것으로 알기 쉬운데 實은 그 漢字語들은 近代 以後 東洋의 이른바 漢字文化圈 나라들 – 韓國, 日本, 中國 등이 西洋의 高度로 發達된 文化, 學問을 들여오면서 그 導入되는 槪念들의 飜譯語 – 譯語로 만든 것이다. 새로운 語彙들을 만든다는 것은 極히 어려운 일이지만 놀라운 造語力을 가지며 또한 過去 높은 中國文化를 담고 있는 漢字를 가지고서 큰 어려움 없이 西洋의 近代的 槪念들의 譯語를 만들 수 있었던 것이다.

漢字語를 만든 漢字는 世界文字들 가운데서도 아주 特異한 特性을 가지고 있다. 漢字마다 形態(字形), 意義(字義), 聲音(字音)을 갖추고 있어, 一般單語와 同一한 成立條件을 갖추고 있으며, 一般單語와 同一한 資格을 지니고 있는 것이다. 그래서 漢字는 單語文字라 불리고 있는 것이다. 漢字의 이 三面 가운데서 要緊한 것은 字形과 字義이다. 字音은 二次的이며 別로 重要하지 않다. 漢字文化圈의 東洋三國들의 漢字音은 나라마다 다르지만 各 나라가 漢

字, 漢字語를 使用하는 데에 아무런 拘礙도 받지 않음을 보아서도 알 수 있다.

漢字는 單語文字이기 때문에 소리(字音)만 적어서는 어떤 漢字인지 알 수가 없다. 이를테면 국어 漢字音으로서 「기」라는 音을 가진 漢字는 160字가 되는데 「기」가 이 中 어느 漢字를 가리키고 있는지 어떻게 알겠는가. 그러나 이들을 漢字 字形으로 적으면 하나도 어느 漢字인지 모르는 것이 없는 것이다. 漢字는 本來 文章語의 文字이지 聽覺媒介의 文字가 아닌 것이다.

以上 본 바와 같이 漢字는 그 自體의 뚜렷한 特性이 있는데 이러한 論理를 全然 돌보지 않고 漢字를 그 소리(字音)만으로 적는 것을 正書法으로 하고 있는 나라가 있으니, 바로 우리나라이다. 우리나라에서는 國語를 쓸 때 漢字를 써서는 안 되는 것이다. 우리 國民은 이러한 庸劣無知한 漢字 使用 禁止令 아래 70餘年을 살아오고 있는 것이다.

그렇지만 漢字語 使用 그것을 그만둘 수는 없다. 그래서는 實際上 國語 使用 自體를 할 수 없게 되는 것이기 때문이다. 實地로는 漢字語를 쓰고는 있지만 겉으로는 한글만으로 적혀 있기 때문에 사람들은 漢字語, 또 그것을 적는 漢字에 대한 認識이 차차 흐려지고 오늘날에는 國語, 漢字語, 漢字에 대한 關心은 거의 없어져 버린 것이 事實이다.

이 憂慮스러운 事態 아래서 筆者는 진작부터 漢字, 漢字語에 대해서 考察도 하고 글로 發表도 하여왔다. 한편 한글 學者들이 國語나 正音(訓民正音)에 대하여 펴온 未熟하고 歪曲된 見解를 바로잡기 위한 論考도 몇 篇 써왔다. 한글專用者들의 잘못된 認識 아래 쓰이는 「한글」이라는 名稱도 「正音」이라는 이름으로 바로잡았다. 이제 그들을 엮어 위 表題 아래 이 책을 刊行하려고 한다. 이런 책에의 要望은 오늘날 더욱 간절하지 않을까 하는 생각을 품고서.

2024年 5月　　著者 識

차 례

Ⅳ. 한글專用의 不條理

〈附錄〉

국어기본법

I
國語와 漢字語 論究

1. 國語의 槪念定立을 위하여
2. 國語漢字語의 再認識
3. 國語, 漢字, 漢字語

國語의 概念定立을 위하여

'國語'라는 用語는 어디에서 왔는가. 日本은 明治維新後 西洋近代文物制度를 받아들여 近代國家體制를 이룩하면서 숱한 西洋近代文明語에 대한 飜譯語(譯語)를 만드는 가운데, '國家(英 state)', '國民(英 nation)' 등 譯語에 가락을 맞추어 '近代國家로서의 日本의 言語 文章'이라는 뜻으로 '國語'라는 用語를 만들었다. 日本人들이 이들 譯語에서 특히 '國'을 내세운 것은 封建體制에서 西洋의 앞선 近代國家로 變轉하면서 近代國家意識을 鮮明히 드러내고자 하였던 것이다. 오늘날 우리가 '國家'라는 말로 가리키는 機構는 本來 近代國家를 가리키는 것이다. 都市國家니 古代國家니 封建國家니 등으로 國家라는 말을 쓰기도 하지만 그런 경우의 '國家'란 概念的으로나 歷史的으로나 近代國家와 明確히 區分되는 것으로서 政治體制 一般을 類比的으로 國家라는 用語로 가리킨 데에 지나지 않는다. 日本에서 이루어진 이 '國語'라는 用語는 近現代에 들어와 韓國이나 中國에도 導入되어 쓰였는데 거기에는 이미 애초 지녔던 近代精神은 상당히 褪色된 채 '自國의 言語'라는 程度의 意味로 쓰이게 되었던 것이다.

다음에 表題의 '國語'의 概念 定立을 위한 論述을 시작키로 하는데, 그에 앞서 우리 論述對象에 대한 認識을 보다 明瞭히 하기 위하여 둬가지 限定을 해두고자 한다 ; 그 첫째는 '國語'란 實質的으로 '國語文章語'를 이르는 것이라는 것이다. 近間 흔히 일컫되 國語敎育에서의 國語의 네 가지 機能이라 하여 '말하기, 듣기, 읽기, 쓰기'를 들지만, 그러나 이 네 가지가 同等한 무게를 가지는 것은 아니다. 數字로 그 무게를 나타낸다면 읽기 20, 쓰기 5, 말하기 1, 듣기 1 쯤 될 것이다. 學校에서 國語科目을 마련하여 많은 時間을 들여 이를 배우게 하는 뜻은 무엇보다도 文章語를 읽고 理解하는 힘을 기르려는 데에 있다. 그러므로 '國語'라 하면 우선 '國語文章語'를 이름이라고 생각할 것이다. 人間의 文化, 文明은 文章語로 貯藏된다. 文章語를 통해서 앞선 사람들이 이룩한 知識을 吸收하며 또 얻은 바 知識, 情報를 文章語에 담아 남에게, 또는 後世 사람에게 傳達한다. 이리하여 오늘날까지 人類가 獲得한 知識, 情報 – 文明, 文化는 모두 文章語로, 곧 책 속에, 圖書館 안에 貯藏되어 있는 것이다. 되풀이하건대; '國語'라 하면 그것은 一次的으로 國語文章語를 이르는 것이며, 國語공부란 무엇보다도 文章語를 읽어 그 안에 담긴 內容을 理解하는 힘을 기르는 것이라는 것을 認識할 必要가 있다.

두 번째의 限定은 오늘날의 國語는 近代國語를 이르는 것이라는 것이다. 여기 '近代'로써 國語를 限定하는 것은 첫째로 오늘의 國語는 近代에 들어와서 成立된 것이기 때문이며, 둘째로 國語가 近代文明, 學術을 담을 수 있고 表現할 수 있을 때 비로소 眞正한 國語로서의 資格을 가질 수 있기 때문이다. 事實 사람들이 옳은 '國語'의 槪念把握에 이르기 어려웠거나 또는 '國語'의 槪念을 제대로 認識하고 있는 사람이 드문 것은 國語의 近代的 意義에 눈을 줄 줄 몰랐기 때문이라 할 수 있다. 이 글의 主旨가 바로 이 限定內容을 說明함에 있으므로, 이 글을 읽고 나면 그 意義를 納得하게 될 것이다.

'國語'를 理解하려면 이런 까닭으로 먼저 '近代'라는 命題를 올바로 理解할 必要가 있다. 그러면 近代란 어떤 것인가. Cyril E. Black는 그의 著書(The Dynamics of Modernization - A Study in Camparative History, New York, Harper & Row, 1966, 陳德圭 譯, '근대화의 사회변동 - 근대화의 비교사', 삼영사, 1983)에서 '近代'의 意義를 解說하여, 地球生成 以來 人類가 거기에 나타난 것 自體가 하나의 革命的인 變化이었다 하겠거니와, 世界史의 全般的인 過程의 文脈 속에서 人類出現 以來로 단지 두 차례 人類가 經驗하였던 人間環境의 革命的 變化에서 近代化는 그 두 번째의 것으로서 理解될 것이라 하였다. 그리고 이것 以前의 人間史에 있어서 첫 번째의 그러한 같은 經驗은 約 7000年前 티그리스, 유프라테스江 溪谷, 나일江 溪谷, 인더스江 溪谷에, 그리고 約 5000年前 黃河流域, 그리고 約 4000年前 中央아메리카의 안데스山脈 溪谷 등에서 나타나기 시작한 原始的인 生活狀態에서 文明的인 生活狀態로의 革命的 變化였다고 하였다. 이들 古代文明의 發祥이 모두 文字의 發明과 더불어 形成되었음은 注目할 만하다.

위에서 '近代'의 文明史的 意義를 잠깐 말하였거니와, 歷史家들은 近代의 直接的인 起點을 西歐에서의 12世紀의 文藝復興으로 보고 있다. 그런데 特히 指摘할 事實은 近代에로의 知的인 發展은 거의 유럽에서의 獨自的인 現象이었다는 것이다. 생각컨대 古代文明의 發祥 가운데에서 그 셋이 유럽의 둘레에서 일어나 유럽이 그들 文明을 綜合하여 獨自의 높은 文明을 이룩하였을 것이라는 것, 또 이 세 古代文明이 여느 地域에서의 文明發祥보다 훨씬 일찍부터 開花되었다는 것 등에서 그 原因을 찾을 수 있지 않을까 한다. 14, 15世紀에서 16, 17, 18世紀에 이르는 동안 宗敎改革, 市民革命, 産業革

命, 科學의 發展 등으로 高度의 知的, 社會的 發達境地에 이른 近代文明은 이윽고 유럽 全域에 미치게 되었고, 뒤이어 15世紀에 이미 시작된 西洋人들의 世界로의 '大航海' 以後 發見된 新大陸을 英國, 프랑스 등 近代的 強國이 植民地化하고 거기 定住한 移住民들이 그 뒤 獨立國家를 이룩한 美國, 캐나다, 濠洲, 뉴질랜드 등에도 近代文明은 移植되었다. 요컨대 近代文明은 西洋人들의 나라로 擴張되었던 것이다.

高度로 發達된 西洋近代文明은 西洋諸國에게 強力한 武力과 豊富한 富를 가지게 하였거니와 資本主義的 先進國으로 發展한 西洋列強들은 18, 19世紀에 걸쳐 거침없이 世界로 進出하였고 마침내 地球上의 모든 民族, 種族들을 그들 制壓 아래 두게 되었다. 이리하여 世界는 온통 西洋人들의 掌握하는 바가 되었으며 그에 따라 地球上 人間의 歷史는 世界的인 規模로 展開되게 되었다. 世界의 歷史는 近代 以前과 그 以後로 劃然이 區分지어졌으며 다른 한편 世界는 近代化된 西洋人의 나라들과 西洋人들 눈에는 깨이지 못하고 文明을 못 가진 人間들로 비친 非近代化, 未近代化된 民族들로 區分되게 되었다.

'國語'라 할 때 그것은 近代國語를 이르는 것이다 — 이 命題를 理解하는 데에 도움 되게 하기 위하여 以上에서 近代 乃至 近代文明에 대하여 약간의 論述을 폈거니와, 이제 '國語'의 概念을 究明하는 우리의 本題로 말머리를 돌리기로 한다. 앞에서 日本이 近代國家를 形成하면서 '近代國家의 公用語'라는 含意를 곁들여 '國語'라는 用語를 마련하였다는 것을 말하였거니와, '國語'의 概念把握을 위해서는 따라서 日本의 近代化, 近代國家의 形成에 눈을 돌릴 必要가 있다. 그리고 미리 말해 둘 것은 이 論述의 展開는 韓國語의 '國語'로서의 成立의 理解로 바로 連結될 것임을 期待하여도 된다는 것이다. 韓國語의 '國語'로서의 成立은 日本의 近代化, 그에 따른 日本語의 '國語'로서의 成立과 密接히 關聯되어 있기 때문이다.

앞에서 19世紀末에는 全世界의 民族이 西洋列强의 制覇하는 바가 되었음을 말하였는데 이러한 狀況 가운데서 오직 한 例外가 있었다. 그것은 곧 日本이었는바 日本은 西洋列强의 外壓과 威脅 속에서 獨立을 지켜내고, 한편으로 近代化에 拍車를 加하여 이윽고 西洋列强과 어깨를 겨눌 軍事, 經濟的 大國으로 올라서게 되었던 것이다. 이 例外를 말미암게 한 原因은 그러면 어디에 있었던가. 앞에서 人間이 獲得한 文明의 知識은 文獻 속에 貯藏되어 있다고 하였다. 西洋近代文明의 衝擊을 받은 日本人은 賢明하게도 위 命題를 바로 認識하고 擧國的으로 西洋文明이 담긴 文獻들을 日本語로 飜譯하는 데에 힘을 오로지하였다. 그리하여 마침내 西洋近代文明을 自己들 것으로 消化 吸收함에 이르렀던 것이다. 다시 말하면 日本 近代化의 動力은 여기 든바 飜譯에서 찾을 수 있는 것이다. 日本이 그 近代化에 있어서 飜譯에만 오로지 한 것이 아니라 有能한 人材를 西洋先進國으로 보내어 直接 學問과 技術을 익히도록 한 것도 勿論이지만, 그러나 日本 近代化의 原動力은 西洋語文獻의 飜譯에 있었다고 할 수 있다. 日本 近代化에 있어서의 '飜譯'의 重要性을 認識하면서 다음에 그 飜譯에 대하여 눈을 돌려보기로 하자. 飜譯이란 한마디로 A言語의 文章語로 적힌 內容을 B言語의 文章語로 그대로 옮겨놓는 것이다. 그래서 飜譯이 이루어지려면 다음 세 段階를 거쳐야 한다.

1. 飜譯對象이 되는 言語의 熟達.
2. 飜譯對象의 言語의 語彙에 對當하는 受容側言語에서의 飜譯語(譯語)의 마련.
3. 飜譯할 文獻의 內容, 知識의 充分한 理解.

日本人이 애초 西洋文獻의 飜譯을 시작할 때 그들은 아무 것도 가지고 있지 않은 狀態에서 出發하지 않으면 안 되었다. 이 경우의 '飜譯'은 오늘날에 있어 우리가 行하는 '飜譯' 作業과는 그 어려움이 — 어려움이라기보다 困難함이 한 자리에서 論할 것이 아니었음은 勿論이다. 더욱이 이 경우 日本內에 앉아서 西洋語文獻을 읽어내고 飜譯을 한다는 것이니 그 困難함은 倍加될 것이다. 1.의 경우, 直接 外國에 가서 現地에서 그 나라 말을 익히는 것이 아니라 外國語를 가르칠 사람도 없는 日本 內에서 西洋의 文章語를 읽어내야 하며, 뿐만 아니라 그 西洋의 言語의 熟達을 願하는 사람이면 누구나 可能할 수 있도록 길을 마련하는 일도 이루어야 하는 것이다. 이럴 경우 1.의 段階는 必然的으로 2., 3. 段階와 아울러 同時에 進行되어야 한다. 이런 點에서 日本의 近代化의 根據로서의 飜譯의 開拓에는 特異한 性格과 至極한 어려움이 있었다. 그런 狀況에서 어떤 한 日本人이 한 英文文獻을 飜譯한다고 假定해보자. 어떤 英文을 理解하려 할 때 그 英文 안의 單語들의 意味는 日本語에 그에 對當하는 譯語가 있을 때에만 옳게 把握되고 또 飜譯도 할 수 있다. 그러나 그 單語의 槪念이 그 日本人이 진작 가지고 있지 않던 것일 경우 그 槪念의 認識 自體가 매우 힘든 일일 것이다. 이를테면 齋藤毅의 〈明治のことば〉(1977, 講談社, pp.129-174)에서는 '共和國, 共和政

體'로 飜譯되고 있는 'republic'의 槪念의 理解에 이르기 위해 當時 日本人學者들이 얼마나한 知的苦鬪를 거쳐야 하였는지를 적고 있다. 日本人들이 厖大한 西洋近代文明의 새로운 槪念들을 理解 把握하는 데에 기울인 努力과 苦役에 대해서는 얘기할 겨를이 없지만 그들이 그 困難한 일을 成就하는 過程을 엿본 사람이라면 感歎을 禁치 못할 것이다. 그런데 여기서 우리의 認識에 떠오르기 어려우면서도 根本的으로 問題되는 것은 西洋近代文明語, 學術語의 槪念把握에 이르렀다 하더라도 그것을 日本語로 飜譯할 수 있는 資料的手段이 없어서는 譯語를 만들 수가 없다는 것이다. 나머지 것은 두고 이 點에 우리의 關心을 集中키로 하자. 日本人은 福되게도 그 資料的手段을 가지고 있었다. 그것은 當時 日本知識人들이 素養으로 지니고 있던 漢學, 곧 中國 4000年의 높은 文化를 담은 漢籍에 대한 知識, 그리고 文字라기보다는 造語素라 할 수 있을 뛰어난 造語力을 지니고 있는 漢字라는 特異한 文字의 存在였다. 그들은 高度의 文化를 담고 있는 漢籍을 뒤져서 適切한 譯語를 찾아낼 수 있었고, 또한 漢字의 造語力을 利用하여 새로운 譯語를 지어낼 수 있었다. 그들의 譯語 마련에는 또한 中國에서 이미 西洋近代語의 譯語들이 적지않이 만들어져 있었으므로 그것을 輸入하기도 하였다. 하여튼 이리하여 明治20年(1887年) 무렵에는 西洋近代文明, 學術의 用語들의 日本語 譯語는 어지간히 갖추어졌고, 大學에서도 日本語로 近代的學問을 講義할 수 있을 만치 되었다. 勿論 그 뒤로도 西洋의 主要한 言語의 一般辭典 또는 學術用語, 專門·特殊語辭典의 整備는 꾸준히 繼續되어서 오늘날에 있어서는 거의 完璧에 가까운 地境에 이르고 있다. 이리하여 幕府末葉 西洋近代文明과 만난 以來 시작된 西洋文獻의 日本語로의 飜

譯은 西洋語로 쓰인 文獻들로서 飜譯할 만한 것은 거의 남김없이 이루어졌고 그 結果 오늘날에는 高度의 學術硏究도 日本語로 넉넉히 할 수 있게 된 것이다. 西洋近代文明語·學術用語의 譯語의 거의 90%가 漢字語로 되어 있지만 이 事實은 日本人이 西洋近代文明學術語의 譯語를 마련하는 데 있어서 거의 全的으로 漢字에 依存하였다는 것을 말해주는 것이다. 우리는 이 글의 첫머리에서 韓國語의 '國語'라는 用語가 日本語에서 온 것이며, 日本人이 '國家', '國民'이라는 用語를 마련하면서 그 가락에 맞추어 그들의 公用語를 '國語'라 命名하였다고 하였지만 그러나 여기에 이르면 이 말은 事實을 거꾸로 말한 것임을 깨닫게 된다. 命名의 順序로는 國家, 國民, 國語의 차례였는지 모르나 形成의 차례로는 日本人이 '近代國語'를 마련하였기 때문에 日本이 近代國家로 發展할 수 있었던 것이며 그리하여 그 國民도 形成된 것이다. 日本語를 近代國語 되게 하고 있는 것은 近代文明學術用語의 譯語로서의 漢字語이며, 그런 뜻에서 漢字語는 그야말로 日本 '國語'의 中樞라 할 수 있다.

그런데 日本語의 近代譯語가 漢字語로 되어 있다는 것은 우리에게는 대단히 重要한 意味를 지닌다. 우리가 흔히 이르는 漢字文化圈이라는 말은 自國語를 적을 때 漢字를 쓰며, 中國 4000年의 높은 文化를 自國의 文化發展의 營養으로 하고 있는 나라들을 이른다. 거기에는 中國, 韓國, 그리고 日本이 包含되는데, 이들 세 나라는 말하자면 同文文化를 누리고 있는 셈이다. 이들 나라는 過去에도 中國의 漢字文明, 文化를 갖지 못하는 둘레의 民族들에 비겨 높은 文明國임을 자랑하였지만 이제 近代에 들어와서는 漢字는 이들 세 나라를 둘레 나라들보다 멀리 先進하는 近代的인 文明國家로

發展할 수 있는 길을 열어주고 있다. 바꿔 말하면 日本語의 西洋近代文明學術語의 譯語는 그것이 漢字語임으로 해서 그대로 우리 韓國語로서 쓰이고 있는 것이다. 漢字의 본고장인 中國에서도 日本製 漢字譯語를 많이 들여가서 中國의 近代國語를 이룩하였다. 이리하여 우리 韓國語는 近代國語로서의 資格을 갖추게 되었으며, 이 '國語'로써 우리는 어떠한 높고 精緻하고 抽象的인 學術內容도 表現할 수 있고 어떠한 纖細한 情感, 優雅한 美感도 表現할 수 있다. 우리 '國語'는 近代先進西洋諸國語에 대어도 아무 遜色없는 言語로 發展되어 있는 것이다.

이제까지의 論議를 통하여 '國語'의 올바른 槪念把握에 이르렀으며, 그러면서 國語의 意義가 얼마나 重大한 것인가 하는 것도 理解하게 되었다. 우리는 이로써 西洋近代文明學術을 우리의 것으로 할 수 있는 手段을 가지게 되었고, 이로써 近代先進國家로 發展할 수 있는 길이 우리 앞에 열려 있는 것도 알게 되었다. 이 '國語'를 가진 功德이 얼마나 큰 것인가를 더욱 뚜렷이 깨닫기 위하여 '國語'의 資格을 누리지 못하는 言語를 지닌 나라들의 경우를 잠깐 엿보기로 하자.

世界地圖를 펴놓고 우리나라보다 저 아래쪽에 있는 東南亞의 나라들; 말레이지아, 인도네시아, 필리핀 등 나라들 事情을 한번 보기로 한다. 漢字文化圈에 들지 못하는 이들 나라는 中國四千年文化 같은 文化的 背景도 안 가졌을 뿐더러 漢字 같은 뛰어난 造語力을 지닌 文字도 가지고 있지 못하다. 그러므로 그들은 西洋近代文明·學術語의 譯語를 만들어낼 方法이 없다. 그들은 스스로의 言語를 近代的인 言語로 發展시킬 手段이 없기 때문에 西洋近代文明, 學術을 受容하려면 별 수 없이 西洋先進國의 言語 그대로를 그 導管으로 삼을 수밖에 없다. 그리하여 이들 나라에서는 大學校敎育을 英語로써 하고 있으며, 大學敎育이 英語로 이루어지는 다음에는 高等學校, 中等學校에서도 英語가 敎育用語가 될 수밖에 없고 나아가 初等學校부터 母國語敎育보다 英語習得에 重點을 두지 않을 수 없다. 이들 나라에서는 公用文書나 高級言語文化財가 英語로 되어 있음도 미루어 짐작할 수 있다. 政治的으로는 이들 나라들도 이미 西洋植民地 支配에서 벗어나 있지만 言語上으로는 그대로 植民地時代 宗主國의 굴레에서 벗어나지 못하고 있는 것이다. 그것은 그들의 固有語로는 西洋의 近代文明學術을 도저히 감당하지 못하기 때문임은 말할 것도 없다.

그런데 恨歎스러운 것은, 이같이 視野를 넓히고 나서 눈을 다시 우리 自身의 現實로 옮겨오면서 이들 나라의 事情이 반드시 남의 얘기만이 아니며 우리의 얘기로 되고 있음을 보게 된다는 것이다. 앞에서 우리나라의 文章語가 近代的인 '國語'의 境地에 이르고 있다는 幸福을 말하였지만 그러나 現實的으로 오늘날의 우리의 國語는 그 價値를 온전히 發揮치 못하고 위에 든 東南亞 여러 나라들의 言語와 별로 다르지 않은 狀況에 있다는 소식을 말하지 않을 수 없다. 그것은 光復後로부터 시작된 한글專用政策으로 그 60餘年 뒤의 오늘날 우리나라 文章語가 한글專用으로 되었음에서 말미암는 것이다. 요사이 책방에 가보면 漢字가 들어있는 책은 거의 찾기 힘들며, 初中高生은 말할 것도 없고 大學生들도 漢盲(漢字文盲)者가 되어 漢字가 섞인 책이라면 손에 들지 못한다. 大學圖書館의 책의 大部分은 따라서 그들과는 無關한 휴지나 다름없이 되어 있다. 요컨대 오늘의 우리 國語는 半身不隨狀態로 되어 있는 것이다. 이런 現象은 한글專用論者들이 理想으로 하는 「국어」를 半世紀

동안 우리나라 文章語로 삼아온 데서 말미암은 歸結이다. 한글專用者들이 「국어」의 理想的 狀態로 생각하는 것은 固有語만으로 되어 있는 곧 '外來 것'의 섞임이 없는 '純粹한 言語'이다. 그리하여 한글專用을 처음으로 提唱한 周時經은 이르기를 ; 漢字語 가운데서 門, 山, 江, 飮食 같이 거의 漢字語임을 못 알아차릴 만치 우리말로 馴化된 것들 밖엣 것은 '우리말'로 여기지 말고 쓰지도 말도록 하자고 하였다. 그리고 스스로 많은 '우리말다운' 造語를 하기도 하였다. 이를테면 ; 노[空氣], 알이[註], 쪽[篇], 소리결[音波], 든[理致], 보기[例]. 그 뒤를 이은 한글專用運動의 第一人者 최현배는 스스로를 한글運動의 앞잡이('前衛'에 대한 최현배의 造語)로 自處하면서, 말본[文法], 닿소리[子音], 이름씨[名詞], 씨끝[語尾], 낱말[單語] 등 숱한 擬固有語를 造語하였다. 漢字文化圈 밖의 나라들에서는 할 수 없어서 固有語밖에 못 가지고 있지만, 우리나라의 한글學者, 한글專用論者는 '歪曲된 國語意識'으로 國語를 옛날 近代化 以前의 言語狀態로 되돌려 놓으려 하는 것이다. 그야말로 歷史의 수레바퀴를 거꾸로 돌려놓으려는 수작이다.

그러면 이들의 이러한 反動的, 反近代的인 觀念은 어떻게 하여 이루어진 것인가. 한마디로 말하여 그것은 近代意識의 缺如 탓이다. 우리나라와 겨레의 近代的인 發展을 위해서는 西洋近代文明·學術을 早速히 受容, 消化하여야 한다는 意識은 그들의 머리 안 어디에도 들어 있지 않았다. 또 그들은 우리말이 이미 近代國語로 發展되어 있다는 것조차 認識치 못하였다. 우리말의 近代化 곧 韓國語의 近代國語로의 成立이 우리들 自身의 努力으로 이룩된 것이 아니라 日本人이 이룩한 近代的 語彙, 西洋近代文明學術用語의 漢字譯語를 複寫하여 그대로 우리 것으로 쓰게 됨으로써 이루어진 것이라는 事實을 想起하자. 韓國語의 近代的 語彙는 日帝下에서 日本語를 통해서 절로 國語文章語에 들어오게 된 것인데 日本의 近代化 作業은 우리나라 識者나 한글學者, 한글專用論者의 認識의 테두리 멀리 밖에서 이루어진 것이기 때문에 그들 눈에는 近代的 譯語로서의 漢字語는 지난날 漢文文獻을 通해 들어왔던 漢字語와 매양 다름없는 것으로 비치었던 것이다. 그들은 漢字語(漢字譯語)와 近代化와의 密接한 關聯에 全혀 認識이 미치지 못하고 있었다. 이 無知의 空白에 西洋植民地經營者의 植民地言語政策이 作用하였다. 近代西洋列國들은 西洋文明 以外의 文明의 價値를 認定하지 않았으므로 中國文明, 그 手段인 漢字는 몹쓸 것으로 치부하였다. 越南에서 漢字를 廢止하고 로마字를 採擇케 한 觀念이다. 19世紀末에 우리나라에 들어온 西洋人 宣教師들은 비록 우리나라 植民地化의 생각은 가지고 있지 않았겠지만 基督教宣教文書, 聖書 등을 한글로 飜譯하면서 한글專用文을 그들의 宣教手段으로 決定하고, 한글 같은 좋은 文字를 두고 漢字를 쓰고 있는 朝鮮人의 어리석음을 나무라면서 한글專用을 慫慂하였던 것이다. 우리나라 한글專用主義의 淵源이 19世紀末 西洋人 基督教宣教師들에 있음을 아는 사람은 많지 않을 것이다. 이러한 한글專用主義는 西洋近代文明學術의 導入管으로서의 漢字譯語의 否定으로 이어지며 그것은 韓國의 近代化를 저버리는 結果가 된다. 近代國家로의 發展에 대한 意識이 자리하지 못했던 한글專用者들의 頭腦에 자리 잡은 것에 또한 母國語에는 民族精神, 民族正體性이 깃들어 있으며 따라서 固有語를 지키는 것은 民族을 지키는 것이라는 잘못된 民族主義 觀念이 있었다. 그러나 이러한 생각은 우리가 한번 現實로 눈을 돌려보면 전혀 事實과 어긋나는 것임을 곧 알게 된다. 오늘날

英語의 衰退나 滅絶을 걱정하는 사람은 없을 것이다. 그러나 現代英語 全體 語彙에서 固有語는 約 35%를 차지할 뿐이며 佛語, 로맨스語系 語彙가 約 55%, 나머지 10%가 희랍, 라틴語 그 밖의 여러 言語들로부터 들어온 外來語彙로 되어 있다. 그리고 外來語 導入에 英語만치 寬容한 言語는 없다. 한편 지난날 그 廣大한 領土를 차지했던 强國 高句麗는 한번 滅亡하자 高句麗語는 그 痕跡조차 남기지 않고 사라져버렸다. 言語의 存立은 그 言語를 쓰는 겨레, 나라가 지켜주며 그리고 나라와 겨레를 絶滅에서 지켜주는 것은 그 나라의 國力, 軍事力, 그리고 겨레의 獨立心, 安保意識들이다. 여기에 言語가 關與할 자리는 없는 것이다.

우리는 바로 위에서 나라의 獨立과 그 나라 言語의 固有性 守護와의 關聯을 否定하였지만 그러나 그것은 한글專用論者들의 비뚤어진 民族主義的 論理의 경우를 말한 것이고, 지금까지 이 글에서 論述한 要旨가 國語와 國家의 發展과가 緊密히 關聯되어 있다는 것이었음을 確認하고자 한다. 다시 한 번 간추려 보자 ; 西洋에서 이룩된 高度의 近代文明, 이 近代文明에서 말미암은 强力한 武力과 近代文明의 胎生的 性格에 따른 膨脹主義에 의한 西洋人들의 世界로의 進出, 그리고 世界의 制覇, 그 가운데서 日本이 唯一하게 獨立을 지키고 西洋近代國家와 어깨를 겨누는 近代强國으로 擡頭하였다는 것, 이 日本의 近代强國으로의 發展을 가져온 것이 日本人들의 精力的 西洋近代文明學術의 受容, 吸收였다는 것을 말하고, 本論에 들어가 日本의 西洋近代文明學術의 受容, 吸收는 西洋文獻의 日本語로의 飜譯으로써 成就되었으며 그 飜譯을 可能케 한 것이 西洋近代文明, 學術語의 漢字에 의한 譯語 마련이었다는 것, 그리고 눈을 우리에게로 돌리어 한가지로 漢字文化圈에 屬해 있음으로써 日本人이 만든 漢字譯語를 우리도 그대로 우리 것으로 쓸 수 있어 우리는 完璧한 近代的 '國語'를 가지게 되었다는 것 – 이것이 이제까지 論述해온바 內容이었다. 올바른 '國語'의 槪念 把握도 이루었고 近代文明學術語의 譯語를 갖추고 있는 韓國語는 完璧한 '國語'로서의 資格을 지녔다는 것(한글專用으로 現在는 비록 一時的으로 반편이 狀態에 있긴 하지만)을 確認하였으니, 이 글은 이제 마무리를 지어도 될 것 같다. 그러나 여기서 붓을 거둔다면 그야말로 龍을 그리면서 그 눈을 그리지 않고 마는 格이 된다. 다시 말하건대 韓國語의 近代的인 '國語'로서의 成立은 日本人이 만든 漢字譯語를 들여옴으로써 이룩되었지만, 한 걸음 더 나아가 그러면 日本人이 近代的 漢字譯語를 애써 만든 뜻은 어디에 있었던가에 생각을 돌려보아야 할 것이다. 이제까지 말해온 바와 같이 그것은 西洋近代文明, 學術文獻을 飜譯하여 日本語로 읽을 수 있게 하기 위해서였다. 近代的 譯語는 手段이요 西洋近代文明學術을 담은 文獻의 飜譯에 本來 目的이 있었던 것이다. 이 點을 看過해서는 안 된다. 뜻한 바 西洋文明學術文獻의 飜譯을 이룩한 日本의 國語는 名實相符한 國語의 資格을 갖추고 있다. 그에 비겨 볼 때 우리 國語는 알속 없는 껍데기에 지나지 않는다. 西洋近代文明學術을 담은 文獻의 우리 國語에 의한 飜譯은 아직 이룩되어 있지 않기 때문이다. 韓國의 知識人이 좀 水準이 높은 文明이나 學術의 知識을 얻으려 하면 日本語, 英語, 佛語로 쓰인 文獻을 읽지 않으면 안 된다는 것이 이 事實을 端的으로 보여주고 있다. 近代國語의 存在理由가 西洋近代文明學術文獻의 飜譯에 있다면 西洋近代文明學術文獻의 韓國語로의 飜譯이 이루어져 있지 못한 우리 國語는 形式上으로 完璧할 뿐 機能上으로는 속 빈 강정이다.

말이 너무 길어졌으므로 論述(논술)을 더 展開(전개)하지 않고 마무리하는 말로 이 글을 끝맺기로 한다. 韓國語(한국어)는 完璧(완벽)한 國語(국어)의 規模(규모)를 갖추고 있다. 그러나 現實的(현실적)으로 그것은 滿身瘡痍(만신창이)이며 속 빈 강정과 같다. 첫 번째 것은 한글專用(전용) 때문이며 두 번째 것은 近代文明學術文獻(근대문명학술문헌)의 國語(국어)에 의한 飜譯(번역)이 이루어져 있지 않기 때문이다. 國語(국어)를 名實相符(명실상부)한 國語(국어) 되게 하는 것은 앞으로의 우리의 賢明(현명)한 叡智(예지)와 우리의 피나는 知的(지적) 苦鬪(고투)에 의한 所與(소여)의 課題(과제)의 成就(성취)에 달려 있다. 그 課題(과제)를 具體的(구체적)으로 말하면 ; 1) 國語(국어)를 망치는 한글專用(전용)을 完全(완전)히 粉碎(분쇄)하고 驅逐(구축)할 것. 2) 日本(일본)이 이룩해 놓은 程度(정도)의 西洋近代文明(서양근대문명) 學術文獻(학술문헌)의 國語(국어)로의 飜譯(번역)을 이룩할 것. 이 두 課業(과업)을 早速(조속)히 着手(착수)하여 國家總力(국가총력)으로 完成(완성)하는 것 – 오늘의 韓國(한국)을 자랑스러운 모습으로 우리 歷史(역사)에 올리기 위한 바른 方向(방향)이 여기에 있다. 蒙昧(몽매)와 懶怠(나태)에 잠겨 부끄러운 몰골을 歷史(역사)에 남기지 않기 위해 바른 方向(방향)으로 나아가고자 한다면 우리는 올바른 國語(국어)의 思想(사상)을 깨달아야 한다.

國語漢字語의 再認識

1

國語에는 대단히 많은 量의 漢字語가 들어 있다. 그런데 漢字가 中國文字라고 이들 漢字語는 中國에서 들어온 것으로 생각하기 쉽다. 그러나 이들 漢字語 – 特히 近代的 漢字語 – 는 英語를 비롯하여 獨語, 佛語, 露語 등등 近代 西洋語에서 들여온 말들이다. 다만 原語 그대로가 아니라 그 單語들을 漢字로 飜譯해서 쓰고 있는 것이다. 그러기에 이들 漢字語는 實은 西洋語의 (飜)譯語라 부르는 것이 옳다. 다음에 이 事情을 說明하기로 한다.

우리가 近代文明이라 할 때 그것은 西洋에서 發達된 文明을 들여온 것에 다름없다. 한 百餘年 前으로 거슬러 올라가 東洋의 나라들이 西洋文明을 처음으로 接하고 高度로 發達된 文明에 놀라워하면서 그 文明을 받아들이기 시작하던 때를 엿보기로 하자.

이 西洋의 文明 그리고 學術을 導入하려면 우선 그 文明, 學術 등을 이루고 있는 概念들의 西洋語 語彙를 受容하는 側의 나라말로 새로 마련하여야 할 것이다. 그러나 이 일은 결코 쉬운 일이 아니다. 진작 없던 새로운 概念이라면 당연히 그 概念을 가리키는 用語도 없을 것이니 無에서 有를 지어내는 그 일은 쉽지 않다는 程度가 아니라 거의 不可能에 가깝다. 그런데 이 어려운 일을 漢字文化圈의 나라들은 그다지 힘들이지 않고 거뜬히 해내었다. 그것은 漢字文化圈이라는 이름 그대로 이들 나라는 漢字를 가지고 있었기 때문이다. 漢字는 뛰어난 造語力을 가지고 있어서 그것으로 쉽게 새로운 造語를 이룰 수 있다. 그뿐 아니라 漢字 自體가 진작부터 高度의 中國文化를 담고 있었기 때문에 西洋에서 들여오는 高級 槪念도 충분히 감당할 수 있는 能力을 갖추고 있었던 것이다.

지금 漢字文化圈에 드는 나라들 – 中國과 日本, 그리고 우리나라 – 이 이 일을 이루어 나가는 展開過程을 살펴보기로 하자.

漢字의 힘을 빌려 西歐의 새로운 文明語, 學術語 등을 漢字語로 飜譯하는 일 – 그 일에 先驅한 것은 세 나라 가운데서도 日本이었다. 日本人들은 歐美列强의 外壓에 둘러싸여 開國하면서, 歐美列强의 帝國主義 侵略의 손아귀에서 벗어나기 위해서는 歐美의 發達된 文明, 學術을 吸收하여 富國强兵으로 맞서야 함을 일찌감치 깨닫고, 西洋文物을 배우고 들여오는 데에 온 힘을 다하였다. 日本은 이미 江戶(에도) 幕府末부터 長崎(나가사키)를 통해서 西洋의 新學問의 책을 求해 읽고 飜譯하는 努力을 하고 있었다. 당시 日本人이 接觸할 수 있었던 것은 主로 和蘭人이었기 때문에 和蘭語 책을 공부하는 이런 先覺者들을 '蘭學者'라 하였다. 18世紀 後半~19世紀 初頭에는 蘭學도 많이 發展하여 여러 飜譯書도 나오고 따라서 이때 만들어진 譯語도 꽤 있다. 이를테면 政治學, 化學, 數學,[1] 宇宙, 物價, 元素, 分子, 引力, 電氣[2] 등등. 이런 初期의 努力으로 西洋文明 導入의 길이 어지간히 닦이었거니와, 日本은 明治維新 뒤로 近代國家 樹立에 本格的으로 나서면서 西洋의 文物制度, 그리고 西洋의 近代學問의 消化·吸收에 拍

1) 鈴木修次(1983a) p.49.
2) 鈴木修次(1983b) pp.177-179.

車를 加하였다. 이때는 이미 和蘭語, 포르투갈語가 아니라 英·獨·佛語 등의 文獻들이 읽히었다. 文明과 學術 受容에 있어서 앞서서 解決되어야 할 일이 새로운 槪念에 대한 譯語를 만드는 일이고 그 일이 漢字의 힘으로 이루어질 수 있었음은 앞에서 말하였거니와, 이러한 漢字譯語를 만들고 普及시키는 데에 많은 學者들의 貢獻이 있었지만 그중에서도 譯語의 定着에 이바지한 代表的인 文獻으로 西周(니시 아마네)의 《百學連環》[3]이나 井上哲次郞(이노우에 데츠지로오)을 中心으로 하여 編輯된 《哲學字彙》(1881)[4] 같은 것을 들 수 있다. 이들이 譯語를 만들 때는 中國古典에 이미 있는 語彙를 借用하여 譯語로 한 것도 있고 ; 絶對, 專制, 形而上 形而下, 認識, 意識, 硏究, 參考, 思惟, 實驗, 純粹, 本質, 經濟, 社會, 學術, 通信…, 또는 日本人들이 漢字를 結合하여 새로이 만들어낸 것도 있다 ; 抽象, 具體, 槪念, 印象, 象徵, 唯物, 唯心, 哲學, 歸納, 科學, 宗敎….[5]

2

中國도 일찍부터 西洋文明과 接觸하였지만 그 吸收에 있어서는 日本처럼 積極的이 아니었다. 그러나 몇몇 先覺者들이 일찍부터 西洋의 文明·學術의 文獻들을 飜譯하고 있는데 그 代表的 사람의 하나인 嚴復(1853~1921)은 英國에 三年間 留學하고 돌아온 뒤 '아담 스미스'의 《國富論》(原名 《原富》), '몽테스키외'의 《法의 精神》(原名 《孟德斯鳩 法意》) 등 여덟 권의 유럽

3) 1870~1871年에 걸쳐 西의 私塾 育英舍에서 講義된 유럽 '엔사이크로피디어'의 槪略의 講述.
4) 鈴木修次(1983b) pp.167-168.
5) 宮島達夫(1977) pp.144-148. 鈴木修次(1983b) pp.167-169.

近代 諸科學의 代表的인 文獻을 飜譯하였다. 그도 飜譯에서 새 用語를 위한 譯語를 만드는 데에 많이 고심하였다. 그가 만든 譯語 몇 가지를 들어보면(※괄호 안은 오늘날 우리가 쓰는 譯語) : 物競(生存競爭), 生學(生物學), 種生之說(遺傳說), 計學家(經濟學者), 名學(論理學), 言語科(修辭學), 常住母財(固定資本), 通轉(流通), 緐息(複制), 殖量(生產力), 司理(法廷), 詞(命題), 心學(心理學), 覺性(意識). 그러나 嚴復의 譯語들은 中國社會에 定着되지 않았다.

中國은 光緖26年(1900年) 무렵부터 日本에서 出版된 啓蒙的 學術書의 飜譯이 시작되고 光緖28~29年에는 日本 留學에서 돌아온 사람들이 日本의 諸科學 解說書를 大量으로 中國語로 飜譯하고 日本의 學制를 參考하면서 急速히 近代敎育을 整備하려 하였다. 그러면서 日本 書籍의 西洋語의 飜譯 用語, 術語가 많이 그대로 中國社會에 定着되게 되었는데, 일찍이 嚴復이 만든 飜譯語는 밀려드는 日本漢字譯語에 의해서 거의 다 陶汰되어 버렸다.[6] 中國이 西洋 近代文明 導入의 必要를 느끼기 시작한 것은 日本보다 약 30年 뒤져서 1900年代 무렵부터이기 때문에 이미 日本에서 整備되어 있던 近代 文明·學術語 등을 들여와 쓸 수밖에 없었던 것이다. 다만 여기 말하여 둘 것은, 그렇다고 西洋文明譯語가 一方的으로 日本에서 中國으로 간 것이 아니고 洋學書(이 洋學書들은 주로 中國에 와 있던 西洋人들에 의해서 이루어진 것이었다.)에서의 譯語가 日本人에 의해 많이 採用되어 日本에서의 譯語를 짓는 事業에 이바지하였다.[7]

---

6) 鈴木修次(1983a) pp.40-50. 鈴本修治(1983b) pp.163-164.
7) 高野繁男(1987) pp.62-67. 山本七平(1992) 《西歐と漢字文化圈と日本》(中西進・山本七平 編著 《漢字文化を考える》). 大修館書店. pp.256-259. 《번역과 일본의 근대》 마루야마 마사오, 가토슈우이치,

이른바 帝國主義 時代에 世界가 온통 歐美列强의 領土로, 또는 植民地로 되어가는 가운데서 오직 日本이 獨立을 지키며 歐美勢力에 맞섰던 것을 보는데, 日本의 그런 힘은 위에서 보았듯이 그들이 발 빠르게 西洋의 文物을 消化・吸收하여 近代文明國家를 이룩하였다는 데에서 얻어진 것이고, 그 같은 西洋文物의 導入을 可能케 했던 것이 바로 漢字의 造語力이었던 것이다. 漢字의 功德이 과연 偉大하다 할 것이다.

西洋文明・學術을 받아들이기 위해 日本이나 中國이 漢字語 譯語를 마련하는 隊列에 韓國은 끼이지 못하였다. 우리나라에는 미처 西洋文物을 吸收하여 近代國家를 이룩할 형편, 姿勢가 갖추어 있지도 못하였지만 곧 뒤이어 日本의 植民地로 編入되었기 때문에 그런 機會도 없었던 것이다. 그러나 近代的 語彙를 마련한다는 일로 말할 것 같으면 그것은 다음과 같은 事情에 의하여 國語에서는 저절로 解決되었다. 즉 우리와 日本이 한가지로 漢字文化圈에 屬해 있고 日本語와 國語의 言語構造가 많이 닮았다는 것, 그리고 우리가 日本의 勢力 안에 들어가게 되었다는 계기에 의해서 日本人이 이루어 놓은 近代文明語彙의 譯語들은 그대로 우리 국어의 것이 될 수 있었던 것이다.[8] 국어의 近代的 語彙로서의 漢字譯語가 日本의 그것과 大部分 一致한다는 것은 이런 事情에서 말미암은 것이다.[9] 하여튼 漢字文化圈에

임성모 옮김, 이산, 2000, pp.124-131.

8) 日本漢字語의 韓國 流入에 관한 硏究로서: 李漢燮(1985) "『西遊見聞』の漢字語について-日本から入った語を中心に-" 「國語學」 141, 東京, pp.39-50. 宋敏(1989) "開化期 新文明 語彙의 成立過程" 「語文論叢」 8집, 國民大. 李相吾(1986) "舊韓末 開化期의 日本語 流入過程에 대하여" 「人文硏究」 8집 1호(11호) 嶺南大. 李相吾(1993) "舊韓末 日本語 學術 文化 語彙 流入에 관한 考察" 「人文硏究」 14집 2호(24호), 嶺南大 등 參照.

9) 위에 든 李漢燮의 論文의 註1(p.48)에 의하면 日本의 基本語彙 6,073語에 있는 2,635의 漢字語 가운데에서 그 2,596語가 韓國語와 語形・意味가 一致해 있다(一致率 98.5%).

屬한 우리나라, 中國, 日本은 이와 같이 漢字의 덕으로 近代化로 나아가는 발판을 마련할 수 있었고, 그 터전 위에서 오늘날 이들 세 나라는 世界에서 堂堂한 位置를 차지하고 있는 것이다.

3

그러면 漢字는 어찌하여 그 같은 豊富한 造語力을 갖추고 있는가. 그것은 漢字의 特異性에서 온다.

오늘날 世界에는 많은 文字가 있지만 이른바 表意文字는 오직 漢字뿐이고 나머지는 모두 表音文字이다. 古代에는 表意文字가 여럿 있었지만 그것은 文字發生 草創期에서의 일이요 오늘날 21世紀에 있어서는 漢字만이 唯一하게 表意文字로서의 特性을 지니고 있다. 表意文字라 하여도 古代의 이집트나 바빌로니아의 表意文字와 漢字와는 그 特性, 機能, 使用, 構造 등을 전혀 달리하는바, 이집트나 슈메르나 바빌로니아의 表意文字는 文字發達의 한 過程으로서 나타난 것에 지나지 않으나 漢字는 中國語를 土壤으로 하여 胎生부터 表意文字를 本性으로 하여 싹터 자란 文字이다. 그런데 漢字의 이 表意文字라는 特異性은 알고 보면 대단한 것으로서, 지난날 中國의 찬란한 文化, 學術이 꽃필 수 있었고 또한 漢字를 가져다 쓴 우리나라나 日本의 文化, 學術의 發達, 특히 近代的인 文化, 學術의 發達이 可能했던 것은 漢字라는 表意文字가 있었기 때문이라 할 수 있다.

다음에 漢字의 이 놀라운 能力의 根據를 몇 가지 側面으로 빛을 던져 理解하여 보기로 하자.

漢字는 그 모양(字形)과 그 뜻(字意)의 關聯만 알면 누구에게도, 어디에서도 言語로서 機能할 수 있다. 그래서 어떤 독일 言語學者는 漢字를 가지고 에스페란토 같은 世界語를 만들려는 試圖를 한 일도 있다. 一般으로 漢字를 表意文字라 하지만 正確히 말하면 表語文字라 하는 것이 맞다. 대체로 漢字 한 字는 中國語의 하나의 單語에 對當한다. 四角形에 들어가도록 만들어진 漢字는 바로 單語인 것이다. 그러기에 지난날의 漢文도 그렇지만 오늘날의 中國語도 漢字만으로 이루어져 있다. 그러나 이것은 中國語에서의 경우이고, 우리나라나 日本에서의 漢字는 單語라기보다는 漢字語를 만드는 構成要素라 하는 것이 더 나을 것이다. 하기야 漢字 한 字로서 國語의 單語로 쓰이는 것도 있다. 이를테면 門, 福, 法, 罰, 詩, 運, 時, 個…. 그러나 이들도 따로 門-門下生·關門·家門, 福-幸福·多福·人福, 法-法律·商法·文法, 罰-罰則·罰金·天罰, 詩-詩人·詩集·敍事詩, 運-運命·幸運·國運, 時-時間·時計·暫時, 個-個人·個性·別個처럼 漢字語의 構成要素로 쓰이는 것이 主이다. 그러므로 우리말이나 日本말에서는 漢字는 漢字語의 造語素로서 主로 機能한다고 할 것이다.

單語는 곧 言語이니 音形도 갖추어야 될 것인데 韓國이나 日本의 漢字도 字音을 가지고 있다. 이들 漢字音은 漢字를 들여올 때 中國漢字音을 그대로 따온 것이지만 세 나라의 音聲組織이 다르고, 세 나라에서 오랜 동안 따로 따로 發展하는 사이 세 나라 漢字音이 同一하지 않게 되었다. 그러나 漢字에 있어 그 音은 二次的인 것이므로 韓國이나 日本에서 漢字를 國字로 쓰는 데에는 아무런 支障이 없었다.

漢字는 中國 四千年의 文化의 發達과 더불어 發展하였기 때문에 漢字에는 그 文化, 學術의 發達이 反映되어 있다. 우선 漢字로 적힌 漢文은 漢

字에 의지하여 成立, 發達한 文章語이다. 이 漢文이라는 文章語는 오랜 歲月에 걸쳐 中國 知識人들 – 漢字를 가지고 文章語를 짓는 사람들 – 이 만들어낸 一種의 人工語라 할 수 있다. 그것은 결코 中國人이 日常生活에서 쓰는 口語 위에 發達된 것이 아니며 그러기에 그들 知識人은 漢文文章을 소리 내어 읽었을 때 庶民들이 그 內容을 알아들을지 與否에는 神經을 쓰지 않았다. 漢字는 그런 言語(文言), 그리고 文化, 學術에 관한 語彙를 發達시킬 수 있는 充分한 資質과 力量을 가지고 있었다. 例컨대 어떤 선비가 새로운 觀念, 概念을 얻게 되었다고 하자. 일찍이 없던 그 새로운 概念을 言語(漢文, 漢字語)로 나타내는 일은 그로서는 별로 어려운 일이 아니었다. 그 概念을 表象할 記號, 漢字를 만들어내면 될 것이기 때문이다.

漢字는 이와 같이 그 안에 意味를 간직하고 있는 單語인데 이렇게 되면 漢字의 數만큼 漢字語가 있을 것이라는 얘기가 된다. 그러나 漢字語를 만드는 데 있어 漢字에는 더욱 놀라운 能力이 주어져 있다. 卽 漢字 두 字를 結合하여 쉽사리 또 다른 새로운 單語를 만들어내는 것이다. 이런 漢字語를 '熟語'라 하는데 漢字의 造語能力이 얼마나 놀라운 것인가를 한 例로써 보자. 常用되는 漢字 1千8百字의 造語力을 東亞出版社刊 「漢韓大辭典」에 의하여 調査해 본 즉 10萬餘의 漢字語가 된다고 하며[10] 마찬가지 東亞出版社 《漢韓大辭典》을 가지고 調査한 바에 의하면 우리나라 文教部制定 常用漢字 1,300字가 熟語의 앞쪽에 놓여 이루어지는 漢字語數만 하여도 7萬4千4百이라는 統計가 있다.[11] 이 常用漢字가 二字 漢字語 뒷자리에 놓여서

10) 南廣祐(1982) p.180.
11) 南廣祐(1970).

이루어지는 漢字語까지 합친다면 헤아리기 어려운 數의 漢字語를 얻게 될 것이다.

한 言語에서 새로운 말(新語)이 생기려면 그 言語 使用者들의 認定이 있어야 하므로 따라서 오랜 동안을 거쳐야 하기 때문에 新語造成은 쉽지가 않다. 그러나 漢字語의 경우 그 構成漢字가 이미 알고 있는 單語이므로 熟語는 그 자리에서 이루어질 수 있고 또 그 單語의 意味도 쉽게 헤아릴 수 있다.

以上에 본 바와 같이 造語力을 筆頭로 하는 漢字의 言語的 機能은 驚嘆을 禁하기 어려울 만한 것이나 이 밖에도 漢字에는 숱한 言語的 機能이 있다. 그중 한 가지만 들어 보인다.

漢字는 字形에 의해서 槪念이 表象된다는 機制에 의하여 쉽게 槪念의 細分化를 이룰 수 있다. 이를테면 국어에서 '생각하다'라는 말로만 나타낼 수 있는 內容을 漢字는 思, 念, 想, 懷, 惟, 憶, 意, 顧 등 여러 漢字로 細分해서 나타낼 수 있다. 이들 漢字는 '생각하다'라는 共通의 意味를 가지나 그 意味가 조금씩 다르다. 이것은 이들이 이룬 熟語를 보면 알 수 있을 것이다 : 思-思想·思索, 念-念慮·念佛, 想-想像·夢想, 懷-懷古·懷疑, 惟-伏惟·思惟, 憶-記憶·追憶, 意-意志·意外, 顧-顧慮·懷顧.

이제까지 漢字의 言語的 能力, 특히 그 造語力에 대해서 살펴보았지만 그러면 同一한 觀點에서 볼 때 國語의 固有語는 어떨까. 한마디로 말하여 固有語의 造語力은 貧弱하기 이를 데 없다. 더욱이 抽象的, 高次的 槪念의 單語를 만들 힘은 全無하다시피 하다. 이 點 日本語도 마찬가지이지만 그래도 日本語는 우리말보다는 훨씬 낫다. 이를테면 日本語는 用言을 쉽게 名詞化할 수 있다. 몇 가지 例를 보이면 : 厚い(두껍다)-厚さ(두께), 寒い(춥다)-

寒さ(추위), 描く(그리다) - 繪描き(畵家, 환쟁이), 味を見る(맛을 보다) - 味見(맛보기), 白い(희다) - 白さ(희기), 組み合う(서로 짜이다) - 組合(組合), 話す(말하다) - 話(얘기).

1945年 光復後 얼마동안 한글專用論者들은 敎科書에서 漢字語를 固有語로 改語하는 試圖를 한 일이 있다. 몇 가지를 들어 보이면 : 血球→피톨, 血色素→피빨갱이, 葉綠素→잎파랭이, 表皮組織→겉껍질조직, 海綿組織→겟솜조직, 盲腸→막창자, 事物→일몬, 關係→걸림, 資格→감목, 法→本, 形式→꼴, 算數→셈본, 三角形→세모꼴.

이런 '새 말' 들이 오늘날에는 하나도 안 쓰이고 있다는 것은 學術語를 固有語로 지을 수 없다는 것을 端的으로 보여주는 것이다. 그러나 우리는 이런 事實에 너무 난감해 할 必要가 없다. 多幸히 우리는 漢字文化圈에 屬해 있으니 새로운 文化語, 學術語의 國語에의 導入을 漢字語로써 解決할 수 있는 것이며 이것이 順理스러운 方途이다. 한글專用者들이 漢字를 몰아내려고 기를 쓰는 것은 逆理를 고집하는 것일 뿐이다.

4

西歐文明語에 있어서는 그 學術語, 技術用語가 적지않이 희랍語, 라틴語에 그 語源을 두고 있다. 희랍語, 라틴語는 西歐文明, 學術의 發達에 따른 새로운 造語의 根源이 되어왔던 것이다. 한편 西歐文明語에서 희랍語, 라틴語가 이루는 구실을 漢字文化圈의 나라들에서는 漢字가 擔當하게 되었음은 우리가 위에서 본 바이다. 그런데 西歐에 있어서 희랍語, 라틴語가 古典語이었듯이 漢字文化圈의 나라들에 있어서는 漢文이 古典語이었지만 한 가지 다른 점은 西歐의 言語들에 있어서 희랍語, 라틴語는 지난날의 古典語일 뿐이지만 漢字는 古典語의 文字에 그치지 않고 韓國, 中國, 日本에 있어 現在에 살아 쓰이고 있는 文字이기도 하다는 것이다. 이 差異 – 西洋에서는 희랍語, 라틴語 등 古典語가 死語임에 대해서 韓國, 中國, 日本 등에서는 術語, 用語의 造語源으로서의 漢字가 오늘날 文章語에서 살아 쓰이는 文字라는 差異는 다음에 보는 바와 같은 興味 있는 歸結을 이끌어내고 있다. 西歐 여러 나라나 美國 등에 있어서 그들의 學術語나 專門用語 또는 高級槪念의 單語들은 퍽 어려운 語彙들에 屬한다. 그런데 漢字文化圈 나라들에서는 그런 語彙들이 日常語에 쓰이는 漢字로 되어 있으므로 親近하고도 뜻을 헤아리기 어렵지 않은 語彙들이 되는 것이다. 두어 가지 日本學者의 말을 引用紹介하여 이를 確認해 보자. 安藤貞雄은 《漢字의 運命에 대하여》12)라는 글에서 다음과 같은 말을 하고 있다.

“世界의 어떤 言語에 있어서도 一定 水準의 知的生活을 갖춘 日常生活을 營爲하는 데에 必要한 單語의 數는 대개 1萬9千語로 推定된다. 그 점에 있어서는 日本語의 경우나 英語나 佛語 같은 印歐語의 경우나 같은 條件 아래 놓여 있다고 할 수 있다. 그런데 普通의 日本人은 1,850字의 當用漢字를 알고 있으면 朝日(아사히), 每日(마이니치), 讀賣(요미우리) 등의 全國紙를 읽는 데에 별 어려움이 없다. 그런데 5,000 乃至 1萬의 語彙力밖에 없다고 하는 英美의 노동자들에게는 그것을 읽는 데에 2萬 前後의 語彙를 必要로 하는 「The Times」 같은 威信 있는 新聞을 읽는 것은 不可能하고 또 事實로 읽지도 않는다. 그들이 읽는 新聞은 큰 活字로 인쇄된 타브로이드版의 大衆

12) 安藤貞雄(1981) pp.72-73.

紙가 普通이다. 이같이 英美社會에서는 言語의 差가 階級의 差를 만들어내는 傾向이 있는데 日本에서는 地域方言은 있어도 階級方言은 事實上 없다고 할 수 있다."

다음에 鈴木孝夫(스즈키 다카오)의 〈日英高級語彙の(의) 意味論的比較〉[13]라는 글의 內容을 하나 더 紹介하기로 한다. 이미 言及하였듯이 英語의 學術語나 專門語 등은 주로 희랍語, 라틴語를 造語成分으로 하여 이루어지고 있다. 그래서 그 方面의 專門家나 古典語의 素養이 있는 사람이 아닌 一般人들에게는 이들 術語나 用語는 퍽 어려운 語彙가 된다. 이에 比해 漢字의 術語나 用語는 一般으로 쓰이는 漢字로 되어 있어서 누구나 쉽게 뜻을 알 수 있고 결코 難解語가 아니다. 다음 表를 보면 그 事情을 잘 알 수 있을 것이다.

여기 들어 보인 英語語彙는 造語素가 희랍, 라틴語로 되어 있어 英美사람이 알기 어려워하는 것들이지만 그 漢字譯語 쪽은 日本의 一般人도 다 쉽게 알아보는 語彙들인 것이다. 漢字文化圈 사람들은 漢字의 이런 功德도 누리고 있는 것이다.

---

13) 鈴木孝夫(1987) pp.229-326.

日英兩語의 多音節難解語의 比較	
1. chaustrophobia	2. otorhinology
3. graminivorous	4. heliotropism
5. seismograph	6. centrifugal
7. concatenation	8. kleptomania
9. anthropophagus	10. acrophobia
11. pediatrics	12. pithecanthrope
13. gingival	14. palingenesis
15. decapod	16. leukemia
17. prognostication	18. hydrophobia
19. orthopedics	20. chlorophyll
21. hippopotamus	22. omithology
23. ophthalmology	24. obstetrics
25. oesophagus	26. anemic
27. labiodental	28. centripetal
29. ichthyology	30. lactobacillus
1. 閉所恐怖症	2. 耳鼻科
3. 草食性	4. 向日性
5. 地震計	6. 遠心性
7. 連鎖	8. 盜癖
9. 食人(種)	10. 高所恐怖症
11. 小兒科	12. 猿人
13. 齒莖音	14. 再生
15. 十足類	16. 白血病
17. 豫知	18. 恐水症
19. 整形術	20. 葉綠素
21. 河馬	22. 鳥類學
23. 眼科	24. 產科
25. 食道	26. 貧血
27. 脣齒音	28. 求心性
29. 魚類學	30. 乳酸(菌)

5

우리는 앞에서 西洋文明, 學術을 吸收하는 데 있어 前提가 되는 譯語新造事業의 隊列에 우리는 끼이지 못하였고 日本人이 만든 譯語를 고스란히 그대로 받아들여와 쓰게 되었음을 말하였다. 그러나 古代로 거슬러 올라가 보면 中國 등의 先進文化를 우리가 日本에 앞서 漢字·漢文을 통해 消化·吸收하고 그것을 뒤에 日本에 傳해 주었던 것이다. 古代에 있어서 우리의 文明은 日本보다 엄청나게 先進되어 있었다. 文化, 學術은 時代狀況의 형편에 따라 이같이 우리가 앞서기도 하고 日本이 앞서기도 할 수 있는 것이니, 오늘 우리가 日本의 漢字譯語를 그대로 받아쓰는 것을 부끄러워하거나 언짢아 할 일은 아니다. 漢字의 본 고장인 中國도 日本의 新漢字譯語를 들여와 쓰고 있지 않은가. 그런데 진정 우리가 부끄러워해야 할 일은 우리가 西歐文明, 學術의 導入에 언제나 日本에 업혀서 그들 뒤만 좇고 있다는 것이라 할 것이다. 뒤늦게라도 우리도 日本人들이 西洋文明, 學術을 받아들이면서 가졌던 意氣와 들였던 努力을 우리 스스로 품고 펴서 眞正한 近代化의 터전을 닦아야 마땅할 것이다.

1945年 光復은 그 轉換의 契機가 될 수 있었을 것이다. 새로운 나라를 세우고 西洋의 先進文明, 學術을 담은 文獻들을 우리말로 飜譯하고 先進歐美文化를 消化하여 先進國에로의 길로 떨쳐나설 것이었다. 그런데 이 決定的인 때에 우리 땅에서 實地로 벌어진 일은 어떤 것이었던가. 기막히게도 한글專用論者들이 나서 설치면서 하필이면 漢字를 몰아내는 일부터 밀고 나갔던 것이다. 西洋文明, 學術을 받아들이는 手段이 되는 것이 바로 漢字,

漢字語인데 한글專用論者들은 그 漢字를 새로운 世代가 못 배우게 함으로써 나라와 겨레가 發展해 나아가려는 발을 묶고 우리나라를 文化·學術面에서 二流, 三流國으로 떨어뜨리려 기를 쓰고 나섰던 것이다. 그러면서 그들이 내어 건 口號에서 가로되 "이제 민주주의시대가 되었으니 대중에게도 글을 주어야 하며 그러려면 배우기 어렵고 쓰기 어려운 漢字를 없애야 한다." 또 가로되 "새로 우리의 나라를 세우게 되었으니 남의 나라 글자인 漢字는 우리 말에서 몰아내어야 한다." 같은 얼빠진 소리를 하였다.

한글專用論者는 몇 년간 敎育하면 解決될 文盲問題, 그리고 한글專用論者의 거짓된 '愛國心' 같은 것을 내세우며 祖國의 近代化, 學術·文化의 近代的 發展이라는 우리의 眞正한 目標를 犧牲시켜 버린 것이다.

한글專用論者들이 光復後 오늘날까지 우리 國家, 民族에 저지른 罪過의 큼은 그 나무랄 말을 못 찾을 만한 것이다. 그들이 감히 손 대고 주무른 것이 한 나라의 文化, 學問의 運命, 그리고 未來를 決定짓는 國語文章語였다는 점에서 그들의 罪過의 무게는 至重한 것이다. 그러나 한글專用論者의 罪過를 묻는 일이야 뒤로 돌리더라도 한글專用에 의해 바야흐로 死亡 五分前의 지경에 處한 漢字[14]를 되살리기 위해 하루 빨리 한글專用을 우리 땅 위에서 걷어내는 일을 먼저 서둘러야 할 것이다. 窒息되어 가는 우리 文化, 學術을 救해 내는 일이 우리에게 주어진 보다 더 急한 責務이기 때문이다.

14) 金容三(1998) "IMF보다 심각한 국가 위기. 漢字 사망 5분 전의 韓國社會". 張源埈(1998) "金鎭世 고검장 인터뷰 : 나라가 망할지 모른다는 위기-漢字 실종은 代表的 例" 「月刊朝鮮」 1998년 9월호.

〈参考文獻〉

南廣祐(1970)「現代國語國字의 諸問題」, 一潮閣.

南廣祐(1982)「國語國字論集」, 一潮閣.

宮島達夫(1977)"近代日本語における(에 있어서의)漢語の(의)位置",「國語國字問題の理論」, むぎ書房, 東京.

安藤貞雄(1981)"漢字の(의)運命について(에 대하여)",「言語」Vol.10, No.4, 大修館書店, 東京.

鈴木修次(1983a)"嚴復の譯語と日本の新漢語",「國語學」132, 日本 國語學會.

鈴木修次(1983b)「漢字再發見」, PHP研究所, 東京.

高野繁男(1987)"書評:佐藤亨 著,「幕末明治初期語彙の研究」",「國語學」148, 東京.

鈴木孝夫(1987)"日英高級語彙の意味論的比較", 橋本萬太郎等 共著「漢字民族の決斷-漢字の未來に向けて」, 大修館書店, 東京.

國語, 漢字, 漢字語

國語라 할 때는 文字로 表記된 文章語를 가리키는 것입니다. 입으로 말하는 우리말도 國語이기는 하지만 굳이 學校에 가서 배우지 않아도 누구나 日常에서 쓰는 말이므로, 第一義的으로 國語라 하면 文字로 表記되고 눈으로 읽는 文章語를 이르는 것입니다.

國語表記法은 文字 그대로 國語를 文字로 表記하는 正書法입니다. 그러기 때문에 表記에 대한 論議는 「國語」에 대한 省察을 前提로 해야 합니다. 오늘날의 國語表記法이 言語에는 눈도 안 주고 表記하는 文字만 檢討하여 決定되었던 것은 出發에서부터 잘못된 것이었습니다.

言語란 簡單히 말한다면 그 言語의 語彙와 文法으로 構成되어 있습니다. 그런데 이 두 가지 國語構成의 要件에서 語彙에 눈을 돌려볼 때 우리는 特異한 性質을 發見합니다. 즉, 國語 語彙는 그 60~70%, 곧 3分의 2 가량이 漢字語라는 것입니다. 이것은 새삼 우리를 놀라게 하는 比率인데, 國語表記法을 決定한다면 그러므로 무엇보다도 漢字語에 대해서 愼重하고 徹底한 硏究, 檢討를 하여야 함을 알게 합니다.

漢字語란 한마디로 漢字를 素材로 하여 造成된 單語입니다. 그러기 때문에 漢字語에 대해서 論議하기 前에 漢字에 대해서 먼저 살펴보는 것이 順序이겠습니다.

漢字는 퍽 特異한 文字로서 이른바 表意, 또는 表語文字입니다. 이 點에 있어 오늘날 世界에서 漢字는 唯一한 類型의 文字입니다. 이 漢字의 特質에 의하여, 漢文은 中國의 글에 그치지 않고 우리나라나 日本의 文章語가 될 수 있었으며, 한편으로 지난날 선비들은 漢字, 漢文을 中國에 가서 익힐 것 없이 自己 나라에서 充分히 익힐 수 있었습니다.

過去 中國의 文化는 高度로 發達되었으므로 周邊 나라들은 그 文化를 들여와서 한가지로 文化國으로 될 수 있었습니다. 漢文을 通해서 中國 先進文化를 들여온 나라는 첫째로 우리나라, 이어서 日本이었는데, 漢字, 漢文을 통하여 文化國을 이룬, 韓國, 日本, 여기에 中國을 한데 하여 이들을 漢字文化圈의 나라들이라 일컫습니다. 文化, 學術은 文字 위에 成立되는 것이므로 過去 東洋에서 文化, 學術이 發達된 나라는 이 三國이었고, 現代에도 이 세 나라가 東洋의 先頭文化國家인 것은 漢字의 바탕이 있었기 때문입니다. 萬若, 이들 漢字文化圈의 나라들에서 漢字, 漢文을 빼 없애버리면 數千年 歷史 속에서 이룩된 貴重한 文化는 연기처럼 사라질 것입니다.

우리나라나 日本은 歷史 以來로 漢字 위에 꽃 핀 中國文化를 아울러 누리는 文化圈을 이루어 왔지만, 오늘날 近代, 現代 社會에 와서 過去에 비길 수 없을 만치 漢字의 價値, 重要性이 커지고 切實하게 되었다 한다면 사람들은 좀 疑訝하게 생각할 것입니다. 다음에 그 事情을 살펴봅니다.

오늘날 우리가 누리고 있는 近代的, 現代的 文明은 全的으로 西洋先進國의 것을 받아들인 것에 다름 없습니다. 西洋勢力의 東漸에 따라 東洋의 나라들에 있어 西洋의 先進文化를 早速히 받아들여 나라를 西洋列强과 比肩할 强國으로 發展시키는 것은 國家 興亡을 가르는 絶對的 命題였습니다.

文明, 文化는 言語에 담기므로 西洋列强들의 言語 – 그 中에서도 英語를 마스터하는 것, 그리고 西洋 先進文明이 담긴 文獻들을 自國語로 飜譯하여 自己의 文明, 文化로 만드는 일 – 이 일은 東洋 後進國들, 特히 漢字文化圈 나라들이 이루어내야 할 世紀的인 課題였습니다.

그런데 이것은 말하기는 쉽지만 實現시키고 成就시킨다는 것은 거의 不可能에 가까울 만치 어렵다는 것은 쉽게 짐작될 것입니다. 무엇보다도 먼저, 英語면 英語의 語彙들을 理解할 수 있어야 하겠는데 辭典이나 敎科書가 없을 것은 말할 것도 없고 原語民과의 接觸도 될 수 없는 狀況이었습니다. 더욱이 그 語彙의 大部分이 진작 없던 새로운 槪念의 것이었고 學術的, 高次的 槪念의 語彙에 이르면 그 理解 自體가 여간한 難關이 아니었습니다. 이 問題는 一旦 두고라도 보다 問題되는 것은 飜譯이란 原語가 가진 意味, 槪念에 對當하는 自國語를 마련하는 일인데, 그것을 이루어 낼 與件, 곧 自國語가 그런 能力을 가진 것인지 與否가 成敗를 가를 것이었습니다.

東洋에서 近代化를 제일 먼저 이룩한 나라는 日本이었으므로 위에 말하는 狀況은 日本人들 앞에 놓인 바위산이었는데 日本語는 새로운 말을 만드는 힘, 곧 造語力이 아주 낮은 性質의 言語입니다. 韓國語는 이에 비겨 더욱 모자라 거의 無에 가깝습니다. 1945年 解放 以後로 우리나라 한글學者들이 固有語로써 새말 만들기를 試圖했었지만 成功한 것이 거의 없다는 것을 보아서 이 事情이 쉽게 理解될 것입니다.

現在에 사는 우리는 150年도 前에 日本人들이 近代化에 成功한 結果를 다 아는 자리에 있고 나아가 그들이 어떻게 하여 이 어마어마한 일을 이룩해 내었는가 하는 過程을 볼 수 있습니다. 日本學者들이 奇蹟에 가깝게 이

大業을 이룩해 낸 것은 무엇보다도 하늘의 運이 있었기 때문이었습니다. 이때 日本人들에게 하늘이 내린 運이란 한마디로 그들에게 漢字가 주어져 있었다는 것입니다. 앞에서 言及하였지만 漢字는 今日에 唯一한 表意 또는 表語文字인데, 이것은 달리 말해 漢字 한 字는 한 單語라는 것, 그리고 그 한 單語는 原則的으로 名詞라는 것입니다. '行'은 '간다'든가, '행한다'든가 하는 動詞의 意味를 가진 文字이지만 「行爲」니 「實行」할 때의 '行'은 名詞입니다. 數千年에 걸쳐 發達되어 온 中國文化가 있게 된 것 또한 漢字가 있었기 때문이었지만 數千年 中國文化와 渾然一體가 되어 있는 漢字는 그 文字 自體가 高度의 中國文化의 表象이었습니다. 漢字는 어떤 높은 文化도 담을 수 있는 그릇이었던 것입니다.

古典中國語 곧 漢文에 있어 그것을 構成하는 語彙는 漢字 한 글자에 담기기도 하였지만 또한 漢字 두 字를 結合하여 만들어진 複合語 – 이것을 熟語라 함 – 에 담기기도 하였습니다. 오히려 漢字語는 두 字를 結合하여 이루어진 熟語가 主가 된다 할 수 있습니다. 西洋文化를 받아들인 開化期 日本人 學者들은 漢字, 漢文에도 能熟하였으므로 英語單語를 日本語로 飜譯하는 데 있어서 많은 경우 漢文 안의 熟語를 가져다 대기도 하였고, 또 어떤 경우는 日本人들이 漢字를 가지고 새로운 漢字語를 만들기도 하였습니다. 近代西洋의 文化를 담고 있는 語彙를 日本語 - 漢字語로 飜譯할 수 있는 可能性의 길은 이같이 열려 있었던 것입니다.

英語 文獻에 담긴 語彙들의 槪念을 把握하고 그 槪念에 알맞은 漢字語를 對應시키는 努力만 있으면 日本人은 近代 西洋文明을 받아들일 수 있게 되는 것입니다. 다만 그 努力이 어마어마한 것이었을 것이었다는 것,

그 努力은 近代 以前에 東洋 三國 漢學者들이 學問에 기울인 努力에 비겨서도 보다 熾烈한 것이었다는 것을 말해둡니다.

1853年 美國의 페리提督이 「검은 배」(쇠로 만든 軍艦들)를 이끌고 日本海岸에 나타나 門戶開放, 通商條約 締結을 要求하였을 때 日本人들은 驚愕하였고 이윽고 그것이 帝國主義 侵略의 첫발임을 깨달았습니다. 이러한 自覺 아래 日本은 擧國的으로 이 課業, 곧 日本語의 近代化, 그리고 그에 의한 西洋文明의 導入에 힘을 오로지하였습니다. 政府는 學者를 優待하고 督勵하였고, 日本學者들은 可謂 목숨을 걸고 이 課業 成就에 專力하였습니다. 그들의 知的苦鬪는 壯烈하기조차 하였습니다.

이리하여 日本에서는 1890年 무렵이 되면 大學校의 一部 學科는 日本語로 講義도 하게 되었고 文化·學術用語의 漢字飜譯語의 곳간도 漸次 차 갔으며 重要한 文獻의 飜譯書도 늘어 갔습니다. 한참 歲月이 흐른 오늘날 21世紀에 이르면 日本은 世界에서도 으뜸가는 飜譯國家가 되었고 오늘에는 日本文獻만으로도 世界 尖端의 學術研究를 할 수 있게까지 되었으며 또한 世界의 各 言語들의 完備된 對和(對 日本語) 辭典도 갖추어 있게 되었습니다.

日本人들의 이 漢字譯語의 完成은 世紀的인 意義를 가진 大業이었다는 것을 認識해야 합니다. 우리는 漢字로 된 語彙들을 한가지로 漢字語로 일컫지만 그 殆半이 實은 外國語에 대한 譯語임을 알아야 합니다. 卽, 外國語로 적어야 할 語彙를 漢字語로 적고 있는 것이라는 말입니다. 日本學者의 努力은 日本뿐 아니라 우리나라, 그리고 中國이 近代國家로 나아갈 수 있는 길을 터놓은 것입니다. 數千年의 中國의 燦爛한 文化를 담은 漢字,

近代에 들어와서 先進 西洋文明을 받아들일 수 있도록 漢字譯語를 만들어 낸 日本人들의 至極한 知的 活動 – 이 結合이 빚어낸 아름다운 結實이 漢字(譯)語입니다.

우리나라는 日本語譯語를 그대로 들여와 國語로 쓰고 있지만 漢字, 漢字語는 國語 語彙의 中樞이며 漢字, 漢字語가 없는 國語란 成立될 수조차 없습니다. 中國에서도 적지 않은 日本語 譯語를 들여와서 近代中國語를 이룩하였습니다.

이렇게 볼 때 漢字는 近代 以前뿐만 아니라 近代 以後로도 漢字文化圈 나라들에서 에스페란토의 구실을 하고 있다고 할 수 있습니다.

漢字語를 알려면 當然히 漢字를 익혀야 합니다. 그것도 漢字 따로, 漢字語 따로이어서는 안되고 漢字語를 통해서 漢字를 익혀야 합니다. 그래야 어떤 漢字語를 어떤 漢字가 만드는지 알 수 있기 때문입니다.

그러면 漢字를 익히는 것은 어려운 일인가. 우리나라 開化期 무렵 國語 研究者인 周時經은 漢字와 漢字語와 漢文 이 셋을 분간 못하여 지난날 선비들은 漢字를 익히는 데에 한 平生 精力을 다하였다고 하면서 한글專用을 부르짖었습니다. 「漢文을 익히는 데…」를 「漢字를 익히는 데…」로 잘못 짚었던 것입니다. 그리고 漢字 數의 많음을 過去 선비들이 고생한 理由로 들추었습니다. 하기야 淸나라 때 만들어진 「康熙字典」(1716年)에는 約 4萬7千字의 漢字가 실려 있으니 이런 認識不足을 할 수도 있을 것입니다. 그러나 오늘날 近代社會에서 使用되는 漢字는 아주 적은 數에 지나지 않다는 것을 알아야 합니다. 常用漢字로서 우리나라는 1,800字, 日本에서는 2千餘字,

中國에서는 約 3千字를 定하고 있습니다. 그러나 使用頻度面으로 보면 이보다 더 적은 數의 漢字를 익혀도 된다는 것을 알 수 있습니다. 日本과 中國에서 頻度數의 面으로 본 使用 漢字의 統計를 낸 것을 參考로 들겠습니다. 日本의 國立國語硏究所가 1965年에 90種의 雜誌로, 또 1966年에 三種의 新聞을 對象으로 調査한 統計에 의하면 使用頻度가 높은 차례로 500字로 80%, 1,000字로 90%, 2,000字로 거의 99%의 文書를 읽을 수 있다고 하고 있습니다. 한편, 1951年 中國에서 常用漢字 1,500字를 9種의 文獻資料에 의해서 調査한 바로는 1,000字를 알고 있으면 全 文獻의 거의 90%, 1,500字를 알고 있으면 95%를 읽을 수 있다고 하였습니다.

우리가 익혀야 할 漢字數가 이와 같이 많지 않을 뿐 아니라 漢字는 元來 퍽 익히기 쉽도록 되어 있는 文字라는 것도 알아야 합니다. 그 한 理由로 漢字는 各自 獨自의 圖形이미지(image)를 가지므로 보는 瞬間 그 漢字를 認識하는데, 漢字는 形態가 바로 그 漢字의 概念 곧 單語에 對應하므로 그 漢字의 意味 情報處理도 그 瞬間에 自動的으로 이루어짐을 들 수 있습니다. 이것은 漢字 한 字의 경우뿐 아니라 漢字熟語의 경우도 한가지입니다. 이러한 文字가 世上에 또 어디에 있겠습니까. 그래서 西洋의 어느 學者는 「漢字는 人間 智慧의 一等傑作品」이라고 讚揚하였습니다.

漢字의 익히기 쉬움에 대한 理論的인 論說은 이쯤에서 그치고 漢字를 익히는 것이 어렵기는커녕 거꾸로 퍽 쉽다는 것을 뒤가지 實例를 들어 證明하려 합니다.

漢字는 獨自의 圖形이 바로 具體的인 말(單語)이기 때문에, 特히 어린애들이 쉽게 익힌다는 實驗結果가 있는데, 日本의 石井勳(이시이 이사무)이라는 사람은 幼稚園 아이들에게 3~4歲부터 漢字를 가르쳐서 小學校에 들어가기 前에 千字 程度의 漢字를 익히게 하는 漢字敎育으로 有名합니다. 日本 어린 아이들이 音聲 卽 音節單位 段階로 分析된 抽象的인 日本 가나文字보다 圖形과 意味(말)가 結合되어 있는 漢字를 더 쉽게 익힌다는 實驗도 있습니다.

美國의 大都市의 貧民街에는 많은 讀書不振兒가 있습니다. 이 아이들은 視力도 正常이고 知能指數도 낮지 않고 英語를 말하고 듣는 것도 다 할 수 있지만 英語를 읽지 못하고 쓰지 못하는 것입니다. 로오진 等 學者들은 이러한 讀書不振은 英語 單語가 알파벳이라는 下位 레벨의 單位로 分割되어 있고, 그것을 單語로 變換하는 것이 어렵기 때문이 아닐까, 그렇다면 中國語(漢字)는 下位 레벨의 言語單位로 가르지 않으니 이 아이들도 쉽게 學習할 수 있을지도 모른다고 생각하였습니다. 그리하여 小學校 二學年의 讀書不振兒들에게 中國語를 英語로 읽도록 하는 實驗을 하여 보았습니다(1971). 이 아이들에게 約 三個月間 個人指導(合計 指導時間은 一人에 대해서 8~14時間)를 한 結果 다음 表에 보이는 바와 같은 28個의 漢字를 英語로 읽을 수 있게 되었습니다.

〈美國의 讀書不振兒가 읽을 수 있게 된 漢字〉

(로오진 等, 1971)

名詞	母(mother), 刀(knife), 你(you), 車(car), 書(book), 父(father), 魚(fish), 他(he), 口(mouth), 哥哥(brother)
動詞	說(say), 買(buy), 有(have), 見(see), 給(give), 用(use), 要(want)
形容詞	小(small), 二(two), 一(one), 大(big), 這(this), 好(good), 紅(red), 白(white), 黑(black)
其他	不(not), 跟(and)

그리하여 이를테면 「你要一大魚跟黑家」가 提示되면 "You want one big fish and black house"라고 읽게 되었습니다. 이것은 漢字表記의 文의 意味를 理解하였다는 것을 뜻하는 것입니다만, 알파벳으로 表記되면 읽을 수 없지만 漢字로 表記하면 읽을 수 있다는 것은 漢字表記가 알파벳으로 적는 것보다 익히기 쉽다는 것을 말해주는 것입니다.

漢字는 저마다 獨自의 形態, 곧 字形을 가지고 있습니다. 그러다 보니 〈漢韓大字典(1974) 民衆書館〉에는 「기」라는 字音을 가진 漢字가 120字가 들어 있지만 文字마다가 自己 獨自의 圖形的 形態로 表示됩니다. 120個의 다른 漢字(=單語)를 「기」라는 하나의 音으로 적자는 國語한글表記가 얼마나 荒唐無稽한 수작인가 하는 것은 알고도 남음이 있습니다.

한글만으로 적힌 文章과 漢字語漢字表記의 文章과를 대어 놓을 때 한글과 異種이며 視覺性이 높은 漢字로 인해서 後者의 讀書 效率이 높아짐은 勿論 漢字, 漢字語가 文의 意味의 核을 이루므로 文章 理解의 效率이 越等히 높아지는 것도 알아야 합니다.

한편 漢字는 그 自體 素材 안에 豊富한 情報를 지니고 있습니다. 이 事實을 漢字의 形態가 「六書」에 따라 만들어져 있다는 것으로써 알아봅시다. 六書란 漢字 字形을 그 이루어진 由來에 따라 여섯 가지로 分類한 것인데, 차례로 例를 들어 보이겠습니다.

1) 象形文字 - 事物의 形態를 본뜬 것. 例 : 日, 月, 木, 人, 魚, 山, 川.

2) 指事文字 - 象形字에 簡單한 點劃을 더하여 事物을 指示하는 것. 例 : 本(木에 一을 더하여 「뿌리, 根源」을 가리킴), 一, 二, 上(元來는 ⊥), 下(元來는 ⊤).

3) 會意文字 - 이미 있는 文字를 둘 以上 合하여 딴 意味의 漢字를 만드는 것. 例 : 明, 林, 岩, 雨, 男.

4) 形聲文字 - 이미 있는 文字를 合成하여 새 文字를 만들되, 한쪽은 形을 한쪽은 聲을 나타냄. 例 : 梅, 雲, 唱, 材, 誠, 球.

5) 轉注文字, 6) 假借文字 - 이 둘은 새 文字를 만드는 것이 아니라 이미 있는 文字를 딴 概念에 轉用하는 것이므로 [樂(本來는 音樂, 거기서 즐겁다는 意味로 轉함(轉注), 「求」는 本來는 「가죽옷」의 象形인데 이것이 같은 音의 「求한다」라는 뜻의 單語로 假借되고 「가죽옷」은 뒤에 「裘」로 만들어 분간하였음(假借)].

漢字 全體의 約 90%를 차지한다고 하는 形聲文字의 경우로 한 가지 보기를 들어보면, 이를테면 忘, 怒, 忌, 悲, 慈, 慰, 忿, 想, 惑 等은 그 字形만으로 이들이 「心(마음)」과 關聯 있는 뜻을 가진 文字임을 알 수 있고 그 字音이 亡(망), 奴(노), 己(기), 非(비), 玆(자), 尉(위), 分(분), 相(상), 或(혹) 등과 같은 것이라는 情報도 얻을 수 있습니다. 여기서는 漢字 敎育에 대해서 말한 것이 아님을 注意하시기 바랍니다. 巷間에는 「六書」 等을 利用하여 「字源 밝히기 式」으로 漢字를 익히게 하는 學習法이 있지만 그런 方式은 결코 有效한 漢字學習法이 되지 못합니다.

以上으로 봐서 漢字는 익히기 쉬운 文字이며, 그것도 어릴 때부터 가르치는 것이 더 效率的이라는 것을 알 수 있습니다.

Ⅱ
正音의 省察

1. 正音의 本質
2. 正音의 評價
3. 世宗大王의 正書法

正音의 本質

1

正音은 世界 文字 가운데서도 特異한 文字임에 틀림없다. 한글學者는 正音字母 'ㄱ, ㄴ, ㄷ…, ㅏ, ㅑ, ㅓ, ㅕ…' 같은 낱자를 「國字」라 하지만 正音字로 적힌 글을 보면 "꽃이 피었습니다" 같이 이 낱자들을 모아서 다시 한 次元 높은 낱자가 되도록 하여 적고 있다. 다시 말하면 正音字는 單音字로 되어 있으나 이것으로 글을 쓸 때에는 반드시 그들을 한 音節을 나타내는 文字가 되도록 짜서 쓰는 것이다. 다른 文字에서는 볼 수 없는 이러한 特徵, 곧 正音字는 두 가지 類型의 文字로서의 特徵을 가지는 文字라는 것, 이것은 正音字를 理解하는 데에 基本的인 것이므로 다음에 이에 대해서 말하기로 한다.

사람들은 世界의 文字들을 그 類型에 따라 나누어서 表語文字(表意文字), 音節文字, 音韻文字와 같은 種類를 든다. 表語文字로서 代表的인 것으로 漢字를 들 수 있다. 漢字는 各 글자가 한 單語를 代表하는 것이다. '天, 地, 玄, 黃'이라는 글자들은 각기 '하늘, 땅, 검다, 누르다'라는 單語를 나타내고 있다. 音節文字의 代表的인 것으로서 日本의 '가나(假名)'를 들 수 있다. '가나'는 한 글자가 한 音節을 나타내는 글자인데 이를테면 'か, き, く, さ, し, す'는 各各 '가, 기, 구, 사, 시, 수'와 같은 音節의 소리를 나타낸다. 다음 音韻文字의 보기로서는 英語, 獨語, 佛語 등을 적는 '알파벳'을 들 수 있는데 이것은 音韻을 적는 것이다. 이를테면 英語의 'boy', 獨語의 'Himmel'을 적고 있는 글자들은 單音 – 이들 單語를 이루는 音韻을 적고 있는 것이다.

위 세 가지 文字類型 가운데에서 正音은 그러면 어느 類型에 들까. 보통 말하기를 正音은 單音文字라 한다. 한글 字母 하나하나가 國語의 한 單音을 가리키는 것이기 때문이다. 그러나 앞에서 본 바와 같이 正音字로 글을 적을 때에는 반드시 그들을 묶어서 한 音節을 나타내도록 하여 적으므로 그런 面에서 본다면 한글은 音節文字라 할 수 있다. 그래서 어떤 學者는 音節을 이루는 各 要素들을 적는 것이라는 점에서 正音을 要素文字라고 하고 있다.[1] 하여튼 正音字는 이와 같이 單音文字로서의, 그리고 音節文字로서의 特徵을 아울러 지니고 있는 特異한 文字라 할 수 있다.

그러면 正音字는 어째서 이같이 유별나게 두 가지 特徵을 가지고 있는 것일까. 이 물음에 答하기 위해서 文字의 機能이 무엇인지를 먼저 알아보아야 하겠다. 흔히 學者들은 文字를 크게 表意(또는 表語)文字와 表音文字로 나누는데, 이름 그대로 앞 것은 말의 뜻을 적는 것이고 뒤 것은 말의 소리를 적는 것이라고 한다. 그리고 表音文字는 다시 音節文字와 音韻文字로 나누어지며 앞 것은 音節單位로서의 말소리를 적으며 뒤 것은 音韻單位로서의 말소리를 적는다고 한다. 이러한 것은 一般으로 常識으로 통하고 있는 知識이지만 그러나 이 知識은 잘못된 것이다. 文字는 결코 말소리를 적기 위해 있는 것이 아니다. 그러면 文字는 어떤 구실을 하기 위해서 있느냐, 곧 文字의 機能은 무엇이냐? 그 存在意義는 韓國語면 韓國語, 中國語면 中國語, 英語면 英語, 곧 個別 言語를 적는다는 데에 있다. 言語를 적는다 하는 것이나

1) 河野六郎(1979a) p.378.

말소리 곧 言語의 音聲面을 적는다 하는 것이나 다를 것이 뭣이 있느냐, 말이란 입으로 말하기 마련이고 따라서 그 音聲面이 있기 마련이니 그 音聲을 적는다는 것은 곧 말을 적는 것이 아니냐, 사람들은 이같이 反駁할 것이다. 그러나 그렇지가 않다. 말에는 音聲面이 있다는 것은 틀림없지만 그러나 言語가 音聲으로 이루어지는 것은 아닌 것이다. 우리가 모르는 外國語 이를테면 러시아語라든가 이태리語라든가를 들으면 그것은 그저 귀에 들리는 말소리의 連鎖일 뿐 그것으로는 그 말의 內容을 전혀 알 수 없다. 말소리만 벌려 놓았다고 말이 될 수는 없는 것이다. 그러면 言語를 이루고 있는 要素는 무엇인가. 그것은 單語이다. 우리는 말로써 온갖 內容을 다 말할 수 있고, 圖書館에 있는 책들은 尨大한 情報를 간직하고 있지만 그 말이나 책의 言語가 韓國語라면 그러한 內容, 情報들은 結局 韓國語辭典 속에 있는 單語들로써 이루어져 있다고 할 수 있다. 우리가 外國語를 學習할 때 처음에는 그 發音法이나 그 글자들을 배울 것이나, 그것에 그쳐서는 결코 그 外國語를 익혔다 할 수가 없다. 거기서 더 나아가서 그 外國語의 單語들을 익히고 文法을 알고서야 그 外國語로 말도 할 수 있게 되고 글도 읽게 된다. 이와 같이 한 言語는 그 言語의 語彙들을 材料로 하여 이루어져 있으므로 어떤 言語를 文字로 적는다는 것은 그 言語의 單語를 文字化하는 것에 다름없는 것이다. 곧 文字의 機能은 單語를 적는다는 데에, 다시 말하면 '表語'에 있다고 할 수 있다.

以上 우리는 文字의 機能 곧 그 存在理由를 알아보았는데, 모든 文字가 表語라는 機能을 이루기 위해 存在하기는 한 가지이지만 그러나 各 言語의 特徵, 다시 말하면 그 言語의 單語構成의 特徵, 그 言語의 音聲體系의 特

徵의 다름에 따라 저마다 다른 性格의 文字를 지니게 되는 것이다.

앞에서 세 가지 文字類型을 들었는데 그 各 種類와 그것으로 적는 言語의 特徵과의 사이의 相關關係를 살펴보고 나아가 正音字가 單音文字, 音節文字 두 가지의 特徵을 아울러 갖추고 있는 까닭을 알아보기로 한다.

우선 表語文字 또는 表意文字라 하는 漢字와 中國語와의 相關關係에 대해서 알아보자. 漢字는 아득한 古代에 形成된 文字의 하나로서 三千年 以上의 歷史를 지니고 있다.[2] 그런데 漢字가 적을 古代中國語는 퍽 特異한 特徵을 지니고 있었다. 그 特徵을 한마디로 말한다면 單音節的, 孤立的이라는 말로 나타낼 수 있다. 單音節的이란 이 言語의 單語들이 모두 單音節로 되어 있음을 말한다. 다시 말하면 한 音節마다가 곧 한 單語인 것이다. 또 한 가지 特徵인 孤立的이란 그 單語들이 쓰일 때에 어떠한 形態的 變樣도 보이지 않으며, 그런 性質의 單語들이 竝置되어 文을 이룬다는 것이다.[3] 이를테면 英語에서는 한 單語가 쓰임에 따라 I, my, me ; eat, ate, eaten 같은 變樣을 보일 수 있고, 또는 國語도 '꽃이, 꽃을, 꽃에…, 피고, 피면, 피는…'처럼 單語들이 쓰일 때 토가 여러 가지로 바뀌지만, 古典中國語에서는 '나'는 어느 자리에서나 '我'이며 '듣는다'는 항상 '聽'이다. 品詞에 따른 變樣도 없다. 그래서 '上'이라는 글자로 나타내어지는 單語는 '上京, 上馬'라 할 때는 '오른다'라는 動詞로 쓰이고, '進上, 呈上' 할 때는 '위에'라는 副詞로 쓰이고, '上座, 上品' 할 때는 '위의, 으뜸가는'이라는 冠形詞로 쓰이고, '極上, 以上' 할 때는 '위'라는 名詞로 쓰이고 있는데 어느 경우나 한결같은 '上'이다. 이러한

2) 香川順一, イズミオキナガ(1958) p.8.
3) 河野六郎(1979b) p.288.

特徵을 가진 單語들로 된 言語를 적을 文字를 考案한다면 아마 漢字만큼 適切한 文字밖에는 생각할 수 없을 것이다. 漢字는 中國語의 特徵에 가장 適合하게 만들어진, 따라서 中國語를 적기에 가장 좋은 文字인 것이다. 이 言語의 單語들이 單音節的, 孤立的인 原則에 따라 이루어져 있으니 同音異義語가 많아질 것은 當然한데 漢字로 적으면 그런 問題도 다 解決된다. 漢字音의 四聲이라 하는 聲調를 생각 않고, 또 오늘날의 韓國漢字音을 빌려서 그 事情을 엿보기로 한다면, 이를테면 '상'이라는 소리의 漢字(곧 單語)만 하여도 65字가 있다.4) 그런데 이 숱한 同音異義語도 漢字로 적으면 분간 안 되는 것은 하나도 없게 되는 것이다 : 上, 傷, 常, 床, 想…. 現代中國語에서는 古代中國語의 위에 본 바와 같은 特徵이 많이 없어졌고 달라진 바도 적지 않지만 그러나 그 本質的인 特性은 그대로 남아 있어 오늘날의 中國語를 적는 데에도 漢字가 가장 알맞은 文字임에는 다름이 없다. 近來에 中國에서는 中國文字 表音化를 위해 '注音字母(拼音化記號)' 같은 것을 考案하기도 하였으나 그 效用이 初學者를 위해 漢字音을 表示해 주는 程度에 그치고 있는 것을 보면 中國語를 적기 위해서는 漢字가 가장 適切한 文字임을 다시금 首肯하게 된다.

日本의 '가나'가 音節文字라는 것은 앞에서 말하였는데, 이 경우도 音節文字가 日本語를 적기에 가장 알맞기 때문에 日本人들은 '가나'를 日本語를 적는 文字로 取하고 있는 것이다. 日本語의 單語들은 中國語처럼 單音節的이거나 孤立的인 性格을 가지고 있지 않다. 이를테면 そらが([sara-ga], 하늘-이), あかい([aka-i], 붉-다), こどもと([kodomo-to], 아이-와). 그래서 日本語를 적

4) 李相殷 監修(1966) 漢韓大字典, 民衆書館, 《字音索引》參照.

는 文字는 아무래도 表音文字가 아니면 안 되는데 表音文字 가운데서도 日本語를 적기에는 音節文字가 알맞다. 日本語는 音聲組織이 퍽 簡單하여, 日本語를 이루고 있는 音聲單位는 音節이며 그 音節도 '母音', '子音+母音' 型뿐이다.[5] 그 위에 日本語에 쓰이는 音節數는 約 150個 程度에 그친다. 이 150個의 音節은 '가나' 50餘 字로 充分히 表記가 可能하다. 곧 '가나'에 약간의 操作을 더하여 約 3倍의 音을 적을 수 있게 하고 있다. 이를테면 か[ka], さ[sa], た[ta] 등에 ' ゛ '을 찍어서 有聲音의 짝을 만든다든가(が[ga], ざ[za], だ[da]), や[ya], よ[yo], ゆ[yu] 등을 여느 '가나' 곁에 小文字로 곁들여 二重母音으로 한다든가(き[ki]→きゃ[kya], し[si]→しょ[syo], ち[chi]→ちゅ[chyu]), 小文字 'っ'를 곁들여 促音을 나타낸다든가(あっ[at], しっ[shit], だっ[dat]), あ[a], い[i], う[u], え[e], お[o] 등을 여느 '가나' 뒤에 곁들여 長音化시킨다든가(か[ka]→かあ[ka:], き[ki]→きい[ki:], く[ku]→くう[ku:], こ[ko]→こう[ko:]) 등등. 日本語를 '알파벳(로마字)' 같은 單音文字로 적을 수도 있겠지만 그러나 그런 文字表記는 '가나'로 적기보다 훨씬 非效率的, 非機能的일 뿐이다. 우선 日本語에는 單音이 없는데 單音文字를 쓸 必要가 없고, 그것은 視覺性을 떨어뜨릴 것이고('か, た, さ' 쪽이 'ka, ta, sa'보다 視覺性이 높다), 日本語 正書法에서는 '가나'와 漢字를 아울러 쓰도록 되어 있는데 같은 音節文字를 아울러 쓰는 편이 – 漢字는 한 字가 한 音節을 나타내기 때문에 音聲面으로 볼 때는 漢字는 音節文字라 할 수 있다 – 音節文字(곧 漢字)와

---

5) 여기서 한 가지 말해 둘 것은, 日本語를 이루는 '音節'과 國語를 이루는 '音節'은 이름은 같으나 그 性格은 아주 다르다는 점이다. 日本語의 音節은 그 以下 單位로 分析될 수 없는 것이지만, 國語의 音節은 單音으로도 分析될 수 있다. 이 差異는 두 言語를 아주 다른 方向으로 나아가게 하였다(本書 Ⅳ-3, 「한글맞춤법 批判」 參照).

單音文字(곧 로마字)를 아울러 쓰는 것보다 훨씬 어울릴 것이기 때문이다. 그리고 무엇보다 日本人은 祖上이 물려준 '가나'를 버리고 남의 글자인 로마字를 가져와 쓸 턱이 없는 것이다. 하여튼 日本人은 '가나'와 漢字를 아울러 調和있게 씀으로써 훌륭한 表記法을 이룩하고 있다.

그러면 다음에는 單音文字에 대해서 살펴보자. 音韻文字 – 알파벳으로 적히고 있는 英・獨・佛語, 그리고 그 밖의 西洋語들은 그 材料 곧 單語가 單音節的이 아님은 勿論이다. 그리고 이들 西洋語의 單語는 日本語같이 音節이 그 構成要素가 되어 있다기보다 音韻이 곧바로 單語形態를 이루고 있다고 할 수 있다. 이를테면 英語의 'translation [trаːnsléiʃon]'을 볼 때 이들을 몇 개의 音節로 가르기보다는 여러 音韻들이 結合해서 이 單語가 이루어지고 있다고 보는 것이 옳다. 分析을 한다면 오히려 語源的으로 'trans-la-tion'으로 나눌 것이다. 하여튼 英・獨・佛語 등 西洋語에서는 單語의 音聲面을 적기 위해 文字가 이루어졌지만, 그 表音文字는 이들 言語의 特徵에 비추어 알파벳 같은 單音文字가 가장 알맞았던 것이다.

以上 본 바와 같이 文字類型과 그것이 적는 言語의 特徵과의 사이에는 密接한 關係가 있는 것인데 그러면 正音字의 單音文字的이면서 音節文字的인 兩面的 性格은 韓國語의 어떠한 特徵을 反映한 것일까. 다음에 韓國語의 音聲組織에 視點을 옮겨 이 點을 생각해 보기로 한다. 韓國語의 單語들은 音節을 그 材料로 해서 이루어져 있다. 위에서 英語 등 西洋語에서는 單語는 音韻으로 分析된다 하였지만 韓國語의 單語를 分析하여 막바로 얻어지는 單位는 音節이다. 이런 性格은 日本語에 있어서도 마찬가지인데, 音聲의 그러한 特徵은 그 나라 詩型에도 反映되기 마련이어서 우리나 日本

이나 그 定型詩는 字數律 곧 音節數에서 "리듬"을 얻고 있다. 韓國語는 音節單位의 區分이 明確한 言語인 것이다. 이리하여 韓國語를 적을 文字를 만들려면 音節單位로 적는 文字 곧 音節文字로 만들지 않으면 안 된다. 그런데 韓國語의 音聲組織으로 눈을 돌릴 때 韓國語를 적을 文字는 日本의 '가나' 같은 音節文字로써는 困難한 事情이 있다. 앞에서 日本語를 이루고 있는 音節의 數는 約 150個라 하였지만 韓國語에서 實用되는 音節數는 一千個를 훨씬 넘는다.6) 이 事實에서 우리는 韓國語를 적는 文字가 音節文字일 수 없는 까닭을 쉽게 짐작할 수 있다. 一千을 넘는 音節文字는 혹시 만들었다 하더라도 文字로서 實用될 수는 없을 것이다. 여기에 이르면 正音字가 音節을 적도록 만들어졌지만 그 音節文字는 音節을 다시 더 分析해서 얻어지는 單音을 나타내는 文字를 結合해서 만들도록 考案된 까닭을 쉽게 미루어 알 수 있을 것이다. 이런 뜻에서 正音字는 韓國語를 적기에 가장 알맞은 文字이며 따라서 우리에게 가장 좋은 文字이다.

2

正音字의 歷史는 그다지 길지 못하다. 알파벳의 始原인 古代 바빌로니아 文字, 이집트 文字 그리고 漢字 등의 歷史가 3~4千年을 거슬러 올라가는 것은 그만두고라도 이웃 日本의 '가나' 文字만 해도 千年 以上의 歷史를 지니고 있다. 正音字의 歷史는 5百年 남짓이다. 그러면 우리 民族은 正音이 만들어지기 以前에는 文字生活을 누리지 못하였느냐 하면 그렇지는 않다.

6) 南廣祐(1970) p.29, 또 p.119에서 東亞出版社에 갖추어 있는 한글 字母活字가 2,000~2,500이고 漢字 字母는 3,000~3,500이라 하고 있다.

우리는 古代 三國時代의 이른 時期에 이미 漢字, 漢文을 實用하고 있었고 그 뒤로 漢字, 漢文을 바탕으로 해서 높은 文化를 이룩하였다. 學術, 行政 등은 漢文으로 이루어졌으므로 固有語를 적을 文字의 必要는 別로 없었다. 學問은 漢文을 익힌 선비들이 하였고 또 그들이 行政도 맡아 하였으며 下級 官吏들은 어려운 漢文 대신 '吏讀'라는 獨特한 漢文體를 開發하여 實務를 맡아보았다. 이같이 우리는 일찍부터 漢字, 漢文으로 文字에의 要請에 應해 왔으므로 따로 文字를 만들어야 할 必要를 別로 느끼지 못하였으며, 여기에 우리 스스로의 文字의 誕生이 늦어진 까닭의 하나가 있었다고 할 수 있다. 正音이 만들어진 以後로도 一般으로 漢字, 漢文이 다름없이 그대로 쓰인 것은 文字에의 要求를 漢字, 漢文으로써 감당할 수 있었음을 말하는 것이다. 또 한 가지 우리 固有의 文字가 늦게까지 만들어지지 못한 것은 韓國語를 적을 文字體系를 考案해낸다는 일이 쉽지 않았기 때문이다. 앞에서 본 바와 같이 韓國語를 적을 文字는 한편으로 音節文字로서의 性格을 지니고 한편으로는 單音文字로서의 性格을 지녀야 하며 韓國語의 聲音은 퍽 豊富하여 子音이나 母音數가 적지 않고 또한 꽤 組織的인데 이러한 條件을 滿足시킬 文字를 考案해낸다는 것은 결코 쉬운 일이 아니었던 것이다. 위 두 가지 點 — 卽 진작 漢字, 漢文으로 充分히 文字機能을 이루고 있었다는 點, 그리고 韓國語를 적을 文字를 考案해내기가 쉽지 않다는 點 — 을 考慮하면서 다음에 正音의 創製에 대하여 알아보기로 한다.

위에서 지난날 漢字, 漢文이 充分히 文字機能을 이루고 있었다고 말하였지만 그러나 그것은 漢字, 漢文으로써 이룰 수 있는 文字機能의 領域 안에 있어서의 얘기이다. 正音이 創製되기 以前에 우리는 이미 높은 學問, 文化를 이룩하고 있었지만 그것을 받치고 있는 文字나 文章語는 漢字, 漢文이었다. 그런데 이 漢字, 漢文이란 퍽 特異한 것으로, 우선 漢字로 말하면 그것은 表語(表意)文字이어서 이것을 그대로 우리말을 적을 文字로 採用할 수가 없었다. 西洋 여러 나라들은 희랍, 로마의 알파벳을 自己들 言語를 적을 文字로 利用할 수 있었지만 漢字는 그 特徵으로하여 漢文을 위한 文字에 머물 수밖에 없었던 것이다. 하기야 우리도 漢字를 가지고 우리말을 적어보려는 努力을 하여 보았었지만(곧 鄕札이니 吏讀) 그 不便함은 도저히 文字로서 제대로의 구실을 못하는 것이었다. 한편 漢文으로 말할 것 같으면 이것은 中國의 文言인데, 嚴密히 말해서 그것은 中國語라기보다 劉復이 이를 두고 '符號語'라 하였듯이, 中國의 文人들이 몇 千年에 걸쳐 協力하여 만들어낸 一種의 人工的 記號體系라 할 것이었다.[7] 이 漢文을 깨우친다는 것은 여간 어려운 일이 아니었다. 하나의 外國語를 驅使하게 되기란 본래 쉬운 일이 아니지만, 지난날 선비들은 平生을 두고 漢文 익히기에 專力하고서야 漢文을 自己 것으로 할 수 있었던 것이다. 漢文은 그러므로 頭腦가 優秀하고 學問에 專念할 수 있는 사람들에게만 주어질 수 있는 一種의 特權이었다고 할 수 있다. 漢字, 漢文의 特性에 따른 이러한 事情은 一種의 奇妙한 矛盾, 漢文을 부릴 수 있는 사람들의 立場으로 볼 때에는 우리 民族은 文字를 가지고 있었다고 할 수 있겠으나 漢文을 부리지 못하는 一般 백성들 立場에서 본다면 文字를 가지지 못하였다는 矛盾된 狀況을 말미암게 하였다. 이러한 矛盾은 우리가 漢字, 漢文을 들여오면서부터 있어 왔다고 할 수 있겠지만 漢字, 漢文의 土臺 위에 學術, 文化가 發達됨에 따라 그 矛盾은 더욱 두드

7) 魚返善雄(1955) p.810.

러지게 되었던 것이다. 《訓民正音解例》에 실린 鄭麟趾의 序文의 前半에는 그러한 事情의 一端이 克明하게 적혀 있다.[8] 이와 같이 漢字, 漢文은 한편으로 우리의 文字에의 要請을 充足시킴으로써 우리 固有語를 적을 文字의 成立을 늦추면서 한편으로는 우리 固有語를 적을 수 있는 文字에의 要望을 끊임없이 刺戟하였던 것인데, 이 矛盾의 解決, 곧 우리말을 적을 文字의 出現은 世宗大王을 기다리지 않으면 안 되었던 것이다.

正音의 創製는 훌륭한 價値를 가진 文化의 創造란 어떤 機制 아래 이루어지는가를 보여주는 좋은 標本이라 할 수 있다. 國語를 적을 수 있는 文字 곧 쓰임으로는 音節文字이나 그 文字 自體는 少數의 單音字로 形成된 그러한 文字는 創造되지 않으면 안 되었다. 그것은 이미 있는 文字, 곧 音節文字와 單音文字를 化合시켜 뽑아낸 第三의 類型의 文字이기 때문이다. 이러한 創造는 當然히 뒷받침될 理論과 그 創造를 이룰 수 있는 人物이라는 要件을 必要로 할 것인데 中國 音韻學의 理論과 世宗大王 및 集賢殿의 學者라는 더 바랄 수 없는 好條件으로 이 要件은 갖추어졌다. 또 價値 있는 文化는 그럴 價値가 要求되는 속에서 이루어지는 것인데 이미 높은 文化水準에 이르고 있던 世宗朝의 學問·文化 狀態에서 創製될 文字는 正音 같은 發達된 文字가 아니면 안 되었다. 한편 이러한 創造는 그것이 이루어질 수 있는 狀況條件이 갖추어질 때 이룩될 수 있을 것인바 나라의 터전이 安定되고 바야흐로 나라의 새로운 發展을 期約하는 世宗代가 바로 그러한 때였던 것이다. 이리하여 民族의 오래고 풀기 어렵던 宿題는 世宗大王에 의하여 解決을 보게 되는 것인데, 그러면 正音 創製는 어떻게 展開되었던 것인지

---

8) 姜信沆(1987) pp.136-138.

다음에 살펴보기로 하자.

正音(訓民正音)은 世宗大王과 集賢殿學者들에 의하여 創製된 것이지만 그러나 本來 그 契機가 나랏말을 적을 새로운 文字 곧 國字를 마련한다는 데에 있었던 것은 아니었다. 世宗大王이 애초 이루려 한 것은 中國 音韻學의 知識, 理論을 利用한 韓國漢字音의 整理였다고 할 수 있다. 訓民正音의 成立은 따라서 中國 音韻學을 빼놓고 생각할 수 없는데 우리는 懸案問題에 대한 論議에 앞서 우선 中國 音韻學에로 잠깐 눈을 돌려보기로 하자. 中國 音韻學은 本質的으로 漢字音의 分析, 整理를 위한 學問이라 할 수 있겠는데 中國의 文字言語 곧 漢文이 漢字를 構成要素로 하고 있다면 漢字音을 研究하고 整理하는 일은 中國에 있어서 學問의 基本的인 課題가 아닐 수 없었다. 中國에서는 自古로 漢字音을 二分하여 考察하는 方法이 發達하였으며 詩作上 韻律에 敏感하였던 南北朝時代에, 특히 南朝에서 印度 音韻學의 影響을 입어 漢字音의 四聲을 區分하여 認識하고 또 韻別로 分類整理하는 方法이 마련되었다. 이것이 韻書의 學인데 이와 같이 六世紀頃에 盛行하기 시작한 韻書의 學은 그 뒤 時代를 거치며 發展되었고 그에 따라 여러 韻書가 나왔거니와 明代에는 《洪武正韻》이 編纂되었다.9)

여기 《洪武正韻》은 明太祖의 命으로 1374年에 編纂된 것인데 그 編纂目的은 中原 雅音을 基準으로 삼아 中國漢字音을 正聲·正音으로 바로잡으려는 것이었다. 世宗大王이 韓國漢字音을 正聲·正音으로 整理하는 데에 뜻을 두었었다는 것은 바로 그 結果로서의 《東國正韻》의 編纂이 말해주고 있는 것이지만 《東國正韻》과 때를 앞뒤해서 《洪武正韻譯訓》도 이루

9) 姜信沆(1987) pp.15-16.

어졌음을 보면 世宗의 漢字音 整理의 뜻은 《洪武正韻》에서 直接的인 影響을 받았을 것으로 짐작된다. 韓國漢字音 整理의 切實함은 申叔舟의 《東國正韻》 序文의 다음 구절이 잘 말해주고 있다.10)

> 漢字의 音에 이르러서는 마땅히 華音과 서로 合함직하되 그 呼吸의 旋轉하는 사이에 輕重翕闢의 기틀이 반드시 저절로 語音에 끌리게 되나니 이 곧 字音이 또한 따라서 變한 바이다. 그 音은 비록 變했어도 淸濁과 四聲은 옛날과 같으련마는 일찍이 冊을 만들어서 바른 것을 傳하지 못하매 庸劣한 스승과 俗된 선비들은 切字의 法도 모르고 紐躡의 要旨에도 어두워서 或은 字體가 비슷하므로 한 音을 만들고 或은 前代의 避諱로 말미암아 딴 音을 빌고 或은 두 字를 合해서 하나로 만들고 或은 한 音을 나누어서 둘로 만들고 或은 다른 字를 借用하고 或은 點과 劃을 加減하고 或은 漢音에 依하고 或은 俚語에 따라서 字母·七音·淸濁·四聲에 모두 變함이 있는 것이다.

朝鮮王朝의 새로운 發展의 기틀을 마련하려는 世宗에게 있어 學術, 文化의 基盤이 되는 漢文 文章語의 確立 – 그러기 위한 漢字音의 整理·統一은 基本的인 課業이 아니면 안 되었다. 더욱이 當時의 '패러다임'에 있어 漢字音 整理는 單純한 漢字音 整理 以上의 것이었다. 中國의 경우로써 생각해보자. 漢文과 漢字音은 지난날 中國王朝의 '國語'이었으며 또한 科擧制度의 中核을 이루는 것이었으므로 漢字音의 整理, 規格化(官音, 正音)는 王朝의 優先的 事業이었다. 이 正音事業의 意義는 漢字, 漢文을 쓰던 우리나라에도 適用될 것이었다.11) 한편 儒敎의 禮樂思想에서는 禮를 아는

10) 姜吉云(1972) p.5.

11) 村田雄三郎 "「文白」の彼方に－近代中國における國語問題", 思想 No.853, 1995. 7, 東京, pp.5-13.

것이 治國安民을 위하여 不可缺한 일이며 樂은 治國의 要訣이라 認識되었거니와 그 禮, 樂도 聲, 音을 바르게 하는 데에서, 곧 正音·正聲에서 얻어질 수 있다고 생각되었다. 中國 音韻學은 宇宙間 모든 것의 原理가 되는 易에 따른 太極·陰陽·五行 등 體系 위에 秩序 지어져 있었다.[12] 絶世의 名君이시며 또한 훌륭한 聲韻學者이던 世宗大王이 韓國漢字音을 正聲, 正音으로 바로잡는 일을 重要한 課業의 하나로 삼았으리라는 것은 짐작하여 남음이 있는 것이다.

그런데 이 事業은 오로지 漢字音 整理事業으로 始終된 것이 아니었고 《訓民正音》 創製로 連結되었다. 訓民正音 創製의 뜻은 《訓民正音序》에 明白히 言明되어 있거니와 이 序에서는 愚民 곧 漢字, 漢文을 깨칠 수 없고 따라서 文字를 못 가지는 一般 百姓들에게 우리말을 적을 수 있고도 쉽게 익힐 수 있는 새 文字를 頒布한다는 것이 그 主旨를 이루고 있다. 이같이 訓民正音은 또 한편으로 나랏말 곧 우리 固有語를 적을 文字로서 만들어진 것이 틀림없는데, 여기서 말머리를 돌리기 위해 잠깐 우리 둘레의 여느 나라에서 새로이 나라 글자를 마련하는 經緯를 살펴보기로 한다. 東아시아 여러 나라에서의 國字 新制를 보면 이 事業이 대개 나라의 統治者인 임금의 命에 의하거나 또는 直接 임금이 主宰하거나 하여 이루어졌음을 볼 수 있다. 契丹文字(920),[13] 西夏文字(1036), 女眞文字〈大字(1119), 小字(1138)〉, 파스파(八思巴)文字(1269) 등이 모두 그러하였다.[14] 이것은 文字는 文物, 制度, 行政의 基盤이 되는 것이기 때문에 새로 나라를 세우면 統治者는 나라

---

12) 姜信沆(1987) pp.5-20.

13) 괄호 안 漢字는 그 文字가 이룩된 해임.

14) 李基文(1982) p.10. 金完鎭(1984) p.12.

글자의 制定을 첫 課業으로 삼기 때문이고 또 새로운 나라 글자란 國家的인 權威에 의한 認定이 있어야 成立될 수 있는 것이기 때문이며 그리고 새로운 文字를 만들어낸다는 것이 대단히 어려운 일이라 國家的인 뒷받침이 있어야 이루어낼 수 있는 것이기 때문이다. 이제 한글의 경우로 눈을 돌리면 여기서는 그 創製事業에 임금인 世宗大王이 親히 臨하셨다는 점에 있어 남다른 바가 있다. 世宗大王이 언제부터 나랏말을 적을 새로운 文字의 創製에 關心을 가지셨는지 알 수 없지만 世宗 같은 聖君이 民族의 오랜 宿願이며 또한 時代的 課題인 國字 創製에 진작부터 關心을 가지셨으리라는 것은 짐작하기에 어렵지 않다.15)

訓民正音 創製를 생각하면서 위에서 漢字音 整理事業을 말하고 또 訓民正音 創製事業을 말하였는데 그러면 이 둘은 어떤 關聯에 있는 것인가. 달리 말해 漢字音 整理를 위한 事業은 언제 訓民正音 創製事業으로 옮겨졌는가. 이 물음에 대한 答辯은 : 訓民正音 創製事業이 漢字音 整理事業에 앞설 수는 없겠지만 漢字音 整理事業이 着手될 때에 이미 訓民正音 創製事業은 시작되었다는 것이다. 어째서 그러한가. 대체 韓國漢字音 整理事業이란 中國漢字音을 考慮하며 正音(標準音)을 決定하고 그 正音을 公布하여 글 배우는 사람들로 하여금 그에 따르도록 하는 것임에 다름없다. 그렇다면 이 事業의 成就를 위해서는 必然的으로 韓國漢字音을 正確히 적을 수 있는 表音記號를 마련할 것이 要求된다. 하기야 反切 등 在來의 方法을 쓸 수도 있겠지만 訓民正音 創製에 臨한 사람들이 지니고 있는 中國 音韻學의 理論, 그리고 우리나라 둘레의 文字들, 그 中에서도 音韻文字에 대한 知識

15) 李基文(1974) pp.12-13.

은 그들로 하여금 그런 군색한 방법을 감내하게 하지 않았다. 漢字音 整理事業은 이리하여 그대로 訓民正音 創製事業과 連結되는 것인데, 다만 여기에는 漢字音을 적을 音標記號에서 나랏말을 적을 '文字'로의 觀念의 轉換, 그에 따른 韓國漢字音 音聲體系에서 우리 固有語의 音聲體系로의 表記對象의 擴大, 調整이 있어야 할 것이다.

訓民正音의 創製理論이나 그 組織에 대한 說明은《訓民正音解例》를 비롯하여 訓民正音을 硏究한 여러 論文 등에 자세하므로 여기서 다시 論하기를 省略한다. 다만 訓民正音 創製가 漢字音을 적을 音標記號를 마련한다는 데에서 出發하였다는 것은 訓民正音의 成功을 約束하는 決定的인 條件이 되었다는 것을 말해 두고자 하는바, 우리말을 적을 文字가 音節單位를 적을 수 있는 文字이어야 한다는 要件은 漢字 한 字가 곧 한 音節이라는 事實에 의해서 出發에서부터 充足되었던 것이다. 訓民正音 創製란 그러므로 端的으로 말하여 單音을 要素로 하는 音節單位의 文字를 마련하는 것이었다고 할 수 있다. 그리고 이것은 國語의 固有語를 적는 데에 가장 理想的인 文字體系를 만들었다는 데로 이어지는 것이다.

〈附記〉 '한글'이라는 名稱에 대하여

'한글'이라는 用語는 開化期 무렵 한글學者들에 의하여 造語된 것이다. 그런데 이 말은 命名者의 認識不足으로 曖昧한 用語가 되어 있다. ㄱ, ㄴ, ㄷ, ㄹ…; ㅏ, ㅑ, ㅓ, ㅕ… 등은 中國音韻學에 비겨 말하면 聲母니 韻母 등에 該當하는 것으로서, 聲音을 적는 字母일 따름이다. '달', '키', '맛'처럼 音節單

位로 묶여서야 비로소 文字로서의 資格을 얻는다. 그런데 한글學者들은 '한글'이라는 이름으로써 이 두 가지를 아울러 가리키도록 하고 있는 것이다. '한글'이라는 이름이 學術用語로 쓰이기 위해서는 正當한 檢討를 거쳐야 할 것이다. 本書에서는 「한글」이라는 이름 대신에 「正音, 正音字」라는 말을 쓴다.

〈參考文獻〉

姜吉云(1972) "訓民正音의 當初目的에 對하여", 「국어국문학」 55-57, 合併號.

姜信沆(1987) 「訓民正音硏究」, 成均館大學校出版部.

南廣祐(1970) 「現代國語國字의 諸問題」, 一潮閣.

李基文(1974) "訓民正音 創製에 관한 몇 문제", 「國語學2」.

______(1982) "東아세아 文字史의 흐름", 「東亞文化1」, 西江大 東亞文化硏究所.

魚返善雄(1955) シナ'語', 「世界言語概說 下」, 硏究社.

河野六郎(1947) "新發見の 訓民正音に就いて", 「東洋學報」 第31卷2號(河野六郎著作集1, 平凡社, 1979年a 所收).

________(1940) "東國正韻及び洪武正韻譯訓に就いて", 「東洋學報」 第27卷 第4號(河野六郎著作集2, 平凡社, 1979年b 所收).

________(1959) "再び東國正韻に就いて", 「朝鮮學報」 第14輯(河野六郎著作集2, 平凡社, 1979b年 所收).

________(1959) "漢字音とその傳承", 「言語學論叢」 3號, 東京敎育大學 言語學硏究會(河野六郎著作集2, 平凡社, 1979b年 所收).

香川順一, イズミオキナガ(1958) 「漢字の歷史」, 江南書院.

正音의 評價

1

正音은 表音文字이고, 우리말의 音을 正確히 적을 수 있는 훌륭한 文字라는 것을 우리는 익히 알고 있다. 우리는 이러한 事實을 큰 자랑으로 여기고 있다. 그런데 한 나라의 文字에 대한 評價 — 여기서는 正音에 대한 그것이 되겠는데 — 가 이것으로 그칠 수는 없다. 文字는 모셔놓고 쳐다보기 위한 骨董品 같은 것이 아니라 日常 文字生活의 手段이라는 데에 그 存在意義가 있는 것이다. 文字에 대한 評價는 따라서 當然히 그 쓰임에 있어서의 機能面, 效用面으로의 檢討를 거치지 않으면 안 된다. 그래서 다음에 文章語를 적는 文字로서의 機能, 效用이라는 面으로 正音을 檢討해 보기로 하겠는데, 그에 앞서 말해 둘 것은 이러한 文字機能이나 效用의 評價基準이 어느 時期 어느 경우에나 한결같을 수는 없다는 것이다. 이를테면 지난날 悠長하던 時代, 글을 읽을 사람이나 읽을거리가 그리 많지 않던 時代와 오늘날 같은 國民皆學, 大量情報化의 時代와는 그 文字機能의 評價基準이 같을 수는 없다. 여기서 우리가 檢討하려는 것은 오늘날 같은 時代나 社會에서의 文字인데, 오늘날의 文字 — 文字는 쓰여짐으로써 存在하는 것이므로 여기 '文字'란 文字로써 쓰여진 文書(document)를 가리키는 것이다 — 에 要求되는 機能·效用性의 條件은 速讀性, 正確性, 經濟性 등을 들 수 있겠다. 그런데 正音을 이러한 基準으로 檢討해 볼 때 正音의 그것이 意外로 낮다는 것을 發見

하게 되는 것이다.

正音에서 母音字母는 가로금[ㅡ]과 세로금[ㅣ]을 基本으로 하여 여기에 한 點, 두 點을 더하여 딴 字母를 이루며,[1] 나아가 그 點이 위에 있느냐 아래 있느냐 안쪽에 있느냐 바깥쪽에 있느냐에 따라 字母가 분별된다(ㅏ:ㅓ, ㅗ:ㅜ …). 子音字母에 있어서는 한 點, 한 劃이 있느냐 없느냐가 字母 분간의 條件이 되어 있다(ㅈ:ㅊ, ㄱ:ㅋ, ㄷ:ㅌ, ㅌ:ㄹ …). 이러한 작은 差異에 의하여 文字를 분간해야 한다는 것이 글을 읽을 때 그 機能·效用性을 떨어뜨릴 것은 當然하다. 한 點 한 劃이 價値를 가지는만큼 그것을 일일이 살펴야 하는데 그것은 速讀性을 떨어뜨릴 것이고, 點 하나 劃 하나를 잘못 認識함으로써 正確性이 害쳐질 것이기 때문이다. 또한 한글은 字母들을 音節單位로 묶어 쓰게 된다는 것도 文字機能을 떨어뜨리는 條件이 된다. 아이들이 學校에 처음 들어가서 正音을 배울 때는 '해', '달'의 認識을 위해서 'ㅎ', 'ㅐ'; 'ㄷ', 'ㅏ', 'ㄹ'마다에 눈이 가야 하겠지만 글을 많이 읽은 사람에게는 '해', '달'의 認識은 이들이 結合된 全體의 모양에 의하여 이루어진다. 말하자면 音節文字로서의 字形 이미지를 把握하는 것이다. 그런데 國語에 必要한 音節數가 一千個 以上이 된다면 그만한 數의 文字의 이미지를 記憶할 것이 要求되는 것이다. 이런 點에서는 50個 乃至 150個 程度의 圖形을 記憶하면 되는 日本의 「가나」 文字보다 效率性이 적잖이 떨어진다 할 수 있다. 視覺性 곧 文字 이미지가 빨리 認識된다는 점에 있어서는 漢字만한 文字가 없는데, 눈에 익으면 漢字의 「圖形 이미지」는 보는 瞬間에 把握되고 만다. 以上 文字 機

1) 訓民正音 制定 當時는 點(·)이었으나 오늘날에는 點이라기보다 한 劃으로 된 것은 아는 바와 같다(ㅓ, ㅜ, ㅛ …).

能·效用이라는 觀點에서 正音에 대하여 簡單히 檢討해 보았지만 그 觀點 아래에서 正音은 이웃 나라의 가나나 漢字들보다 非效率的인 文字라는 것을 알 수 있다. 그러나 어느 文字나 모든 面에서 完美할 수는 없는 것이고 또 正音의 이러한 모자람은 正音이라는 文字를 가지는 우리로서 감내하지 않으면 안 되는 負擔이기도 하다. 그렇더라도 單音字的이면서 音節文字이어야 한다는 特異한 條件을 滿足시킬 수 있는 文字를 생각한다면 正音 같은 文字組織을 가지지 않을 수 없는 것이다.

그러면 國語文章語를 읽고 書記함에 있어서의 이러한 正音의 短點을 補完할 方法은 없는 것일까. 國語와 文法構造가 類似하고 語彙特性도 國語와 비슷한 日本語의 近代的 正書法의 成功이 解決의 方法을 가르쳐 준다. 우선 文法에 있어서, 國語文章의 語彙를 차례대로 日本語 語彙로 옮겨 가면 日本語 文章이 될 만큼 두 言語의 構造는 비슷하다. 다음 語彙面을 볼 때, 國語語彙 안에는 대단히 많은 量의 漢字語가 들어있는데 國語辭典의 올림말(標題語)로써 調査한 바로는 全 語彙의 거의 65%가 漢字語라고 한다. 學術語, 專門語, 高級槪念語에 이르러서는 그 거의 다가 漢字語라 할 수 있다. 이것도 日本語 語彙에서 마찬가지로 볼 수 있는 事情이다. 그런데 日本語 正書法에서는 漢字語를 漢字로 적고 固有語는 가나로 적어(訓讀漢字의 固有語는 漢字로 적음) 아주 機能, 效用이 높은 – 아마 世界에서도 가장 으뜸가는 – 書記法을 이루고 있다. 그래서 日本語 正書法 方式 대로 우리도 漢字語는 漢字로, 固有語는 正音으로 적으면 훌륭한 國語書記法을 가지게 될 것이다.

이같은 書記法은 1945年 光復의 以前에, 아니 世宗大王의 한글 創製

以來로 줄곧 지녀온 書記法이었다. 그런데 光復 以後 한글專用主義者들이 突然 漢字語를 한글로 적게 하고 學校에서 漢字를 가르치지 못하게 하였다. 그리하여 오늘날 우리나라에서는 한글專用을 國語正書法으로 規定하여 漢字語를 한글로 적고 있는 것이다. 앞에서 近代的인 文字 – 文章語 – 의 機能・效用性의 條件으로서 速讀性, 正確性, 經濟性을 들었거니와 한글專用은 國語文章語를 이들 要請에 全面的으로 背馳되는 것이 되게 한다. 이 책 여러 곳에서 論議되겠지만 여기서 다시 한글專用 文章語의 短點을 두서너 가지만 들어보자 : 漢字語를 한글로 써놓으면 뜻을 제대로 분간할 수 없게 된다. 이를테면 東洋史敎科書에 '魏'와 '衛'를 한가지로 '위', 成祖와 聖祖를 한가지로 '성조'라 적고 있으니 그 어느 쪽인지 알 수가 없다. 또 말뜻을 把握할 수 없게 된다. 國語敎科書 한 구절에 "조각의 종류로는 앞에서 말한 입체조각이나 부조도 있지만, 재료상의 종류 즉 조소・목조・건칠・석조・조금・테라코타・단금・골조・도상・철조・청동조 등이 있다."라고 했는데 漢字를 모르는 學生들이 이들 漢字語의 뜻을 把握할 수 있을까. 그리고 漢字語와 固有語의 분간이 없어져 國語語彙體系가 뒤죽박죽이 되고, 또 漢字語에는 同音異意語가 많고 보니 國語의 機能 效能은 더욱 劣惡하게 된다.

正音은 우리 固有語를 모자람 없이 적을 수 있지만 漢字語(漢字音이 아님)는 적을 수 없다. 이것은 正音의 本質이며 限界이다. 그런데 한글專用論者들은 正音으로써 할 수 없는, 正音의 本質에 어긋나는 일을 억지로 밀어붙임으로써 國語文章語의 品格을 형편없이 떨어뜨리고 있는 것이다.

2

앞에서 한글專用에 대해서 言及이 있었지만 正音의 評價에 대하여 論議한다면 한글專用主義者들의 이른바 '한글 讚揚'에 대해서 따로 論議하지 않으면 안 된다. 이들 '한글을 사랑하는 사람들'은 "한글 사랑 나라 사랑", "한글은 세계에서 으뜸가는 문자" 등 口號를 내어걸고, 70餘年間을 '한글 사랑'과 '한글이 훌륭한 문자'라는 것을 洗腦水準으로 되풀이해 오고 있다. 事實 우리나라가 '한글날'까지 두고 야단스럽게 한글 추켜올리기를 하는 것은 한글學者, 한글專用論者들의 수작 때문이라고 할 수 있다.

그런데 알고 보면 이들이 實際로 한글(正音)에 對하는 態度가 이들이 입으로 외는 口號와 矛盾되어 있음에 우리는 놀라게 된다. 그들이 말하는 '한글 사랑'이라는 것이 實際로 어떻게 하라는 것인지 잘 알 수가 없으나 적어도 世宗大王과 集賢殿學者들이 이룩해 낸 뛰어난 智慧의 結晶을 함부로 뜯어고치거나 拒逆해서는 안 된다는 것은 틀림이 없겠다. 그런데 이들 '한글을 사랑하는 사람'들은 우선 '한글專用'으로써 訓民正音 創製者들의 뜻을 拒逆하고 있다. 文字는 文字로서의 機能을 이룸으로써, 卽 文章語를 表記하는 데에서 存在理由를 찾을 수 있으므로 한글 創製의 偉人들은 새 文字를 마련하였을 뿐 아니라 整然한 正書法도 마련하였다. 그런데 그 正書法에 의하면 漢字, 漢字語는 반드시 漢字로 表記하였다. 다만 글 모르는 無識者를 위해 漢字에는 讀音을 곁들였다. 이는 世宗, 世祖 때에 나온 숱한 國文으로 적힌 文獻을 펼쳐 보면 쉬 알 수 있는 일이다. 이 첫 번째 拒逆에 이어 한글學者들은 訓民正音의 "凡字必合而成音"이라는 基本原則을 뜯어고치려 들기도 한다. 이를테면 '최현배 지음 《글자의 혁명》(1947, 1956, 정음사)'의 첫째 매는 '漢字 안 쓰기'이고 둘째 매는 '한글의 가로씨기'로 되어 있는데, 여기 '가로씨기'란 한글을 알파벳처럼 字母單位로 풀어서 쓰자는 主張이다. 또 〈한글학회 50년사〉(한글학회, 1971)에서는 "한글학회의 숙원의 하나는 바로 이 한글의 가로 풀어쓰기라 하겠는데……(p.488)"라 하고 있다.

이같이 世宗大王과 集賢殿學者가 規定해 놓은 바 基本原則을 함부로 뜯어고치고 거스르는 한글學者, 한글專用論者들이 한글(正音)을 尊重하고 있다고 보기는 어렵지 않겠는가.

그러면 이들 한글學者, 한글專用主義者들은 自己들 스스로는 한글을 사랑하지도 않고 한글을 세계에서 으뜸가는 글자라 여기지도 않으면서 왜 學生들, 國民들에게는 그 뜻에도 없는 생각을 불어넣으려 그리도 애쓰고 있는 것일까. 이 問題를 다음에 캐들어가 보기로 한다.

한글專用의 始端은 19世紀 以來 韓國에 들어와 宣敎活動을 편 西洋人 宣敎師에서 찾을 수 있다. 이들은 우리나라에 들어와 宣敎를 시작하면서 正音의 存在를 알고 驚喜하였다. 그들은 누구나 쉽게 익힐 수 있는 이 正音으로써 聖書를 飜譯하여 無識한 一般庶民들에게 읽힘으로써 韓國에서의 基督敎, 天主敎 宣敎에 成功하였다. 基督敎, 天主敎 宣敎文書는 그 뒤로 純 正音文, 곧 한글專用文으로 적는 것이 傳統이 되었고, 또 그에 따라서 正音專用文體의 位相은 急激히 높아졌다. 여기서 사람들이 혹시 우리나라에 예부터 내려오는 純 正音文書에서 한글專用의 뿌리를 찾으려 한다면 그것은 맞지 않다. 그때의 純 正音文體는 漢字, 漢文을 모르는 下層百姓, 兒女子들이 글을 읽도록 한 方便인데, 그런 方便을 國語正書法으로 擇할 수는 없는 일이 아닌가. 西洋人 宣教師들은 基督教 宣教의 한편으로 文盲者들에게 正音을 가르치고 私立學校, 病院 등을 設立하여 韓國의 近代化에 寄與하였다. 그런데 '朝鮮語學會'(한글학회의 前身) 會員의 主要人物들이 대개 위 美國人 設立의 私立學校에서 朝鮮語教師를 하였고, 또한 基督教 信者였으므로 自然히 그들은 한글專用文章體에 共鳴하였다.

1945年 8月 15日, 日帝가 敗亡하면서 우리나라에는 美軍政이 들어서고 日帝에 의해 韓國 땅에서 떠났던 美國人 宣教師들이 復歸하고, 한글專用主義者인 李承晩 大統領이 就任하자 한글學者들은 權力과 時流를 타고 한글專用主義를 내걸었다. 새 나라의 正音教育은 朝鮮語學會員을 中心으로 한 日帝下에서 朝鮮語를 가르치던 教師들이 主動이 되었고 덧붙여서 최현배가 美軍政下 첫 번째 文教部編修課長(編修局長)에 就任하였으니 國語文章語文體를 한글專用文體로 바꾸는 것은 우리나라 그때의 情況에 가락을 맞추면 되는 것이었다. 果然 최현배는 編修課長 자리에 앉자마자 各級學校教育을 한글專用文으로 하도록 措置하고 教科書를 한글專用文으로 編纂하였다. 최현배는 그 뒤 1951年 1月 20日~1954年 1月 2日에 또다시 編輯局長 자리에 앉으면서 한글專用教育을 더 한층 强化시켰다.

以上에 보는 바와 같이 한글專用文體의 뿌리가 西洋人 宣教師가 開發한 基督教宣教用 純 正音文體에 있었으므로 한글專用主義者들은 한글專用을 正當化하고 또 理論的 뒷받침을 주기 위해 한글을 한껏 추켜올렸고, 그럼으로써 스스로의 立地를 强化하였다. 漢字는 中國 글자이지 우리 글자가 아니라느니, 中國의 漢字를 우리가 쓰는 것은 지난날 事大思想에서 못 벗어난 때문이라느니, 日本이 太平洋戰爭에서 敗亡한 것은 漢字를 썼기 때문이라느니 하며 漢字廢止를 正當化하려 하였고, 한편 한글(正音)이 世界에도 으뜸가는 優秀한 文字라는 것을 내세워 한글專用 正當性의 證據로 삼으려 하였던 것이다.

한글專用運動의 經緯를 여기서 充分히 論議할 수는 없으나 한글學者, 한글專用主義者들이 '한글 사랑', '한글은 세계에 으뜸가는 文字' 등을 외는 그 속셈은 이로써 대강 짐작할 수 있을 것이다. 그리고 한글學者, 한글專用論者들이 한글(正音)을 추켜올려 最上의 評價를 하고 있는 것은 眞實性이 없으며 크게 믿을 바가 못 된다는 것도 알게 되었을 것이다.

世宗大王의 正書法

「訓民正音」은 正音의 本來 이름이다. 訓民正音 創製 當時에도 따로 '正音'이니, '諺文' 등으로 불리기도 하였는데 李朝後葉에는 '諺文'으로 主로 불리었다. 開化期 以後 '諺文'이라는 이름은 이 文字를 낮보는 이름이라 하여 이에 바꿔들 '한글'이라는 이름이 만들어졌고 오늘날에는 그것이 우리 固有文字를 가리키는 이름으로 一般化하였다.1)

近代 以後로 한글學者들을 中心으로 "한글은 世界에도 으뜸가는 文字이다." "한글은 世宗大王과 集賢殿學者들에 의하여 더할 수 없이 科學的, 獨創的으로 創造된 우리 民族의 으뜸가는 자랑이다." 등등 讚揚과 자랑이 되풀이되었기 때문에 오늘날에는 正音의 優秀함을 누구나 익히 알게 되었다.

그런데 여기서 우리가 疑訝하게 생각하는 것은 '正音文字'에만 그 稱讚이나 認識이 集中, 限定되어 있고 이 文字의 創製 當時의 使用, 곧 文章語를 적는 데에 대해서는 言及도 認識도 찾아볼 수 없다는 點이다. 文字의 機能은 文章語를 적는 데에 있으며, 文字의 使用이나 그의 機能遂行과 遊離된 文字란 있을 수도 없지만 또 있다고 假定하더라도 그것은 아무런 存在理由도 없고 價値도 없는 것이다. 그런데도 한글學者들이 한글(訓民正音)만을 들먹이고 그 使用에 대해서는 말하지 않는 데에는 實은 숨겨진 意圖的 理由가

---

1) 다만 北韓에서는 '한글'이라는 用語는 쓰지 않으며 '조선말 자모'라 부른다.

있었던 것이다. 그러면 그것은 무엇인가. 이 글은 이 秘密을 밝히려는 데에 主된 目的이 있으므로 이 글을 다 읽고 나면 그 秘密이 드러나게 될 것이다.

우리 民族은 오랜 옛날부터 文字生活을 하여 왔으며, 그로 인하여 높은 文化를 이룩하여 왔다. 그러나 그 文字는 漢字였고 그 文章은 漢文이었기 때문에 文字生活은 퍽 限定的인 데에 머물렀다. 오랜 동안 그렇게 내려오다가 드디어 世宗大王께서 1446年에 『訓民正音』을 創製, 頒布하시어 우리 民族語에 바탕을 둔 文章을 마음대로 쓸 수 있게 하여 주시었다. 世宗大王이 우리 民族에게 베푸신 이 恩德은 하늘보다 높으며, 우리 民族이 받는 그 福德은 바다보다 크다 할 것이다.

文字는 위에서 말한 듯이 文章語를 적기 위한 것이니, 訓民正音이 만들어지자 뒤이어 民族語文章語의 文獻들이 編纂되고 刊行되었다. 그런데 文章語란 새 文字가 만들어졌다고 바로 이룩되는 것은 아니다. 우선 이른바 綴字法이 마련되어야 한다. 訓民正音을 만든 사람들은 오늘날의 『한글맞춤법』보다도 훨씬 合理的이고 整然한 綴字法을 마련하였다. 다음, 文章語란 입으로 말하는 口頭語를 그 소리대로 옮겨 적으면 그것이 文章語가 되는 것이 아니며, 口頭語와 文章語는 다른 性格, 體裁를 가진 아주 딴 것이다. 그런데 訓民正音 創製 以前부터 漢文을 우리말로 풀이하는, 곧 우리말로 옮기는 學習이 오래도록 이루어져 왔으므로 그 訓讀過程을 통해서 民族語의 文章語의 틀은 이미 成立되어 있었다. 위 두 가지 文章語 成立의 條件에 대한 자세한 說明은 이 方面 學者들의 研究書에 맡기고 여기서는 省略한다.

다음에는 訓民正音 創製 當時의 正書法 — 특히 文章語에서의 漢字表

記에 대해서 살피기로 하는데, 그러기 위한 先行作業으로서 世宗, 世祖朝에 刊行된 民族語를 바탕으로 한 文章語의 文獻들을 刊行年에 따라 들어, 그 文章語(이런 文章語를 앞으로 便宜上 '國文'으로 부르기로 한다)의 모습을 보기로 한다.[2] 成宗朝와 그 以後에 대해서는 뒤에 따로 보기로 하겠다.

世宗朝

世宗 25年(1443) "訓民正音 完成"
〃 28年(1446) 「訓民正音」(解例本)
〃 29年(1447) 龍飛御天歌, 10卷 5冊
〃 29年(1447) 釋譜詳節, 24卷
〃 30年(1448) 東國正韻
〃 31年(1449) 月印千江之曲, 3卷

世祖朝

世祖 5年(1459) 月印釋譜
〃 8年(1462) 楞嚴經諺解, 10卷 10冊
〃 9年(1463) 妙法蓮華經諺解, 7卷
〃 10年(1464) 金剛般若波羅密經諺解, 1卷
〃 10年(1464) 佛說阿彌陀經諺解, 1卷
〃 10年(1464) 禪宗永嘉集諺解, 2卷
〃 10年(1464) 般若波羅密多心經諺解, 1卷

2) 世宗 以後의 王의 在位期間을 參考로 들어 보이면 : 世宗(32), 文宗(2), 端宗(2), 世祖(14), 睿宗(1), 成宗(25), 燕山君(12)과 같으니 正音文獻 刊行이 世宗, 世祖朝에서 主로 이루어질 수밖에 없었음을 알겠다. ( ) 안은 在位期間.

世祖 11年(1465) 圓覺經諺解, 12卷
〃 13年(1467) 牧牛子修心訣, 1卷
〃 13年(1467) 四法語, 1卷

다음에 위 文獻들에 대한 簡單한 解說과 本文으로부터의 引用으로 그 文章語의 形式을 보이기로 한다.

《訓民正音(解例本)》

新文字「訓民正音」은 世宗 25年(1443)에 創製되었거니와, 世宗이 鄭麟趾 以下 8名의 正音 專問家들에게 새 文字에 대한 解說書를 엮도록 命하여 이룩된 책이다. 이 책의 이름이「訓民正音」이므로, '新文字'와 區別하기 위하여, 이 책은 一般으로「訓民正音解例本」이라 부른다. 이 책의 本文은 漢文으로 쓰였고 한글字母나 固有語의 例示 등만이 한글로 쓰였다.

《龍飛御天歌》

李氏朝鮮의 化家爲國하던, 太祖의 四代祖인 穆祖로부터 太祖에 이르기까지 業蹟과 그에 짝이 될 中國帝王의 業蹟을 國文歌詞로 읊은 것을 한 章으로 하여, 125章으로써 王朝建國의 어려움과 肇國의 天命에 의한 것임을 頌歌한 것이다. 새 文字 訓民正音을 使用하여 國文을 적은 最初의 文獻이라는 데에 意義가 있으며, 歌詞는 國文으로 적히었으나 그에 對當하는 漢文歌詞, 그리고 各章에 곁들인 註釋은 漢文으로 적었다.

〈第六章〉

商德之衰將受九圍。西水之滸◦如市之歸

麗運之衰將受大東。東海之濱∘如市之從

商德·이衰·ᄒᆞ거·든∘天下·ᄅᆞᆯ맛ᄃᆞ·시릴·ᄊᆡ。西水ㅅ:ᄀᆞ·ᅀᅵ∘져·재·ᄀᆞᆮᄒᆞ·니

麗運·이衰·ᄒᆞ거·든∘나·라·ᄒᆞᆯ맛ᄃᆞ·시릴·ᄊᆡ。東海ㅅ:ᄀᆞ·ᅀᅵ∘져·재ᄀᆞᆮᄒᆞ니

〈第八十一章〉

不吝千金∘典籍是索。經世度量是用恢廓

不矜聖性學問是邃。創業規模∘是用遠大

千金·을아·니앗·기·샤∘·글冊·ᄋᆞᆯ求·ᄒᆞ시·니。經世度量·이∘·크시·니ᅌᅵ·다

聖性·을아·니미드·샤∘學問·이기프·시·니。創業規模ㅣ∘:머·르시·니ᅌᅵ·다

《釋譜詳節》

世宗 28年 3月에 世宗妃 昭憲王后가 昇遐함에 그 冥福을 빌기 위하여 世宗의 命에 따라 首陽大君(뒤의 世祖)이 釋迦의 一代記를 짓되 그때 마침 創製된 正音으로 著述한 책이다. 이 책을 이룸에는 먼저 中國에서 나온 釋迦譜들을 臺本 삼아 「增修釋迦譜」를 編纂하고, 이것을 國文으로 飜譯하되 直譯이 아니라 內容을 國文으로 풀어서 敍述하는 方式을 取하여 當時의 입말(口語)이 잘 反映되어 있다. 이 事業은 首陽大君을 비롯하여 安平大君, 金守溫 등이 合力하여 이룩하였다.

〈釋譜詳節 卷六, 38~39張〉

須슝達·ᄄᆞᇙ·이精졍舍·샹:다:짓·고王왕·ᄭᅴ·가ᄉᆞᆸ·보·ᄃᆡ·내世·솅尊존:위·ᄒᆞ수·ᄫᅡ精

졍舍·샹ᄅᆞᆯᄒᆞ·마·짓·ᄉᆞ·보·니王왕·이부텨·ᄅᆞᆯ請:쳥·ᄒᆞᅀᆞ·ᄫᆞ쇼·셔王왕·이使ᄉᆞᆼ者:쟝

·브리·샤王왕舍·샹城쎵·의·가부텨·를請:쳥·ᄒᆞ·ᅀᆞ·ᄫᆞ·니그·ᄢᅴ世·솅尊존·ᄭᅴ四·ᄉᆞᆼ

衆·즁·이圍윙繞:ᅀᅳᇢᄒᆞᅀᆞᆸ·고·큰光광明명·ᄋᆞᆯ·펴시·고天텬地·띵드·러·치더·니舍·샹

衛·윙國·귁·에·오·실쩌·긔須슝達땅이지·순亭뗭舍·샹:마·다·드·르시·며길·헤 :사ᄅᆞᆷ濟·졩渡·똥·ᄒᆞ샤·미그·지:업·더·시·다

《月印千江之曲》

月印千江之曲은 世宗이 首陽大君이 지어 올린 釋譜詳節을 보고 몸소 國文으로 釋迦에 대한 讚頌歌를 지은 책이다. 上中下 세 卷으로 된 것이나 오늘날 그 上卷만 傳하고 있으며, 上卷에 실린 歌詞는 모두 194章이다. 月印千江之曲은 固有語는 當然히 한글로 적었는데, 漢字語일 경우 漢字音의 한글은 큰 字로, 그 漢字는 작은 글자로 적히고 있음이 特異하다.

니尼련連:쉬水·예·목沐·욕浴·ᄒᆞ·샤:나리·라너·기시·니즘·게남·기·가지·ᄅᆞᆯ구·피·니뽀菩떼提·쓔樹·에:가려·ᄒᆞ·샤:좌·샹것ᄉᆞ랑·ᄒᆞ시·니:댱長:쟈者ㅣ ·ᄯᆞᆯ·이·쥭粥·을받ᄌᆞ·ᄫᆞ·니 (其六十三)

《東國正韻》

이 「東國正韻」에 대해서는 特別한 解說이 必要하겠다. 世宗을 비롯하여 申叔舟 등 몇몇 集賢殿의 學者들은 뛰어난 中國音韻學者이었다. 그 音韻學의 눈으로 볼 때 當時 우리나라 漢字音은 퍽 混亂한 것으로 되어 있었다. 唯一한 文字 表現手段인 漢字의 音韻이 이같이 混亂되어 있어서는 文化, 學問의 眞正한 發達을 期할 수가 없다. 이런 생각 아래 傳來의 漢字音을 올바르게 바로잡으려는 뜻은 世宗과 그 輔弼者들이 일찍부터 가지고 있었다. 그리고 實은 이 漢字音 改正事業 過程에서 訓民正音이 탄생하였다고 할 수 있다. 當時 中國音韻學은 상당히 發達되어 있었으므로 그 知識을 基盤으로 하고 우리말에서의 漢字音體系를 硏究하면 그 音을 적을 文字記

號를 만들어내는 일은 可能한 일이었던 것이다. 그 위에 우리나라 漢字音을 整理하려면 그것을 적을 수 있는 表音記號의 마련이 前提될 수밖에 없었던 것도 正音創製의 動機로 作用하였다. 世宗과 集賢殿學者들의 中國音韻學, 漢字音 整理에 들인 功力은 아마 訓民正音 創製에 들인 功力에 못지 않았을 것이다.

漢字音 改正을 위한 整理事業은 世宗 29年(1447)에 完成되고, 世宗의 命으로 申叔舟, 成三問, 崔恒 등이 그것을 編纂한 韻書가 「東國正韻」(1448年刊)이다. 이 책의 完成 以後 모든 諺解類에 나타나는 漢字音을 이 韻書에 따라 적기로 하였는데, 世宗 世祖代에 刊行된 文獻에서는 그것이 遵守되었으나 이 正音漢字音은 從來 傳承되어온 漢字音과 상당한 距離가 있었고 또 實用하기에 까다롭고 複雜하였으므로, 世祖朝 以後에는 곧 안 쓰이게 되었다.

《月印釋譜》

世祖 命撰으로, 月印千江之曲과 釋譜詳節을 合編하여 世祖 5年(1459)에 刊行된 책이다. 合編의 方法은 月印千江之曲을 內容에 따라 가른 대문이 本文이 되고, 그 內容에 該當되는 釋譜詳節의 部分을 註釋으로 하였다. 合編에 있어서 原本의 大幅的인 變改가 있었는데, 이를테면 月印千江之曲에서는 앞에 이른 듯이 한글 讀音 部分이 큰 字로 쓰이고 漢字는 작은 字로 되어 있는데, 여기서는 그 位置가 거꾸로 되어 있다. 釋譜詳節에서도 原本에다 많은 修正, 添削이 더해졌다. 全秩은 24卷이었으리라 생각되고 있으나 現存하는 것은 原刊本으로 11권, 重刊本으로 7권이다.

月印釋譜의 例示를 圖版으로 보이기로 한다. 다음 〈圖表 1〉 參照.

〈圖表 1〉

月印釋譜 卷二, 26～27

月印釋譜 卷二, 27～28

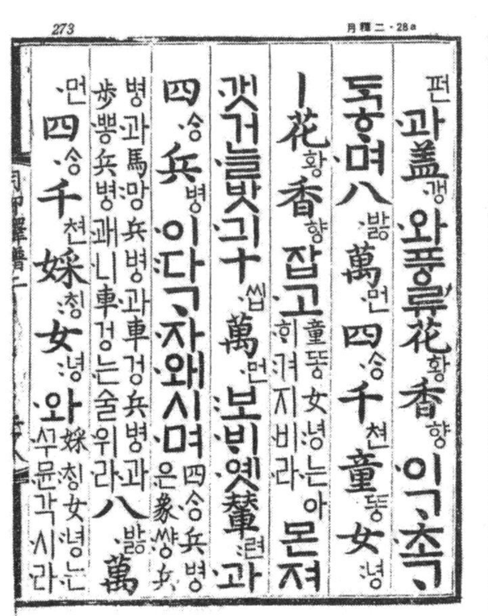

世宗朝, 世祖朝에 國文으로 刊行된 文獻들의 目錄에서 보듯이, 世祖朝에 모두 해서 9권에 이르는 佛經諺解書 刊行의 大事業이 이룩되었다. 이 事業에 世祖가 매우 積極的이었음은 위 佛經諺解에 있어 原文에 口訣(이른바 諺吐)을 다는 일을 大部分 世祖가 直接 한 것으로도 알 수 있다. 이들 佛經諺解書들은 世祖 6年에 世祖의 命令으로 設置된 '刊經都監'에서 刊行되었다.

제일 처음으로 刊行한 것이 楞嚴經諺解인데, 韓繼禧, 金守溫, 信眉 등의 도움을 받으면서 世祖가 直接 飜譯에 臨하였다. 이 楞嚴經諺解의 體裁나 飜譯樣式 등이 妙法蓮華經諺解 以下 世祖朝 佛經諺解書들의 基準이 되어 있으므로, 楞嚴經諺解의 圖版을 〈圖表 2〉로 들어 보이고 佛經諺解書들의 體裁, 飜譯(諺解)樣式들을 살펴보기로 한다:

우선 內容에 따라 가른 漢文原文을 대문으로 들고 거기에 한글로 口訣을 달았다. 諺解文은 작은 글자 크기로 쓰여 있는데 規定된 綴字法에 따라 적고 있다. '註釋'은 諺解文보다 좀 더 큰 글자로 하되 漢文原文처럼 토(口訣)를 달고 諺解를 하였다. 그리고 諺解文 中에 나오는 漢字語는 漢字로 적되 漢字 各字마다에 그 讀音을 달았는데 그 漢字音은 東國正韻式의 것이다. 그리고 諺解文이나 漢字讀音에다 傍點을 表示하고 있다.

以上에서 世宗, 世祖朝에 刊行된 國文(諺文)文獻들을 一一이 引用文을 들어 보이면서 살펴보았는데, 이때의 正書法에서의 漢字語 表記에 대해서 注目할 때, 漢字語는 반드시 漢字로 적었다는 事實을 알 수 있다. 굳이 例外를 찾으려고 諺文文獻들을 뒤져보면 '미혹ᄒᆞ야, 위ᄒᆞ야, 공ᄉᆞᄒᆞ리니 위두ᄒᆞᆫ 願이라. 분별마ᄅᆞ쇼셔(迷惑, 爲, 公事, 爲頭, 分別) 같은 것을 찾아낼 수 있겠지만, 이들은 當時에 固有語처럼 익어 쓰였기 때문일 것이다.

〈圖表 2〉

楞嚴經諺解 卷三, 93

楞嚴經諺解 卷三, 94

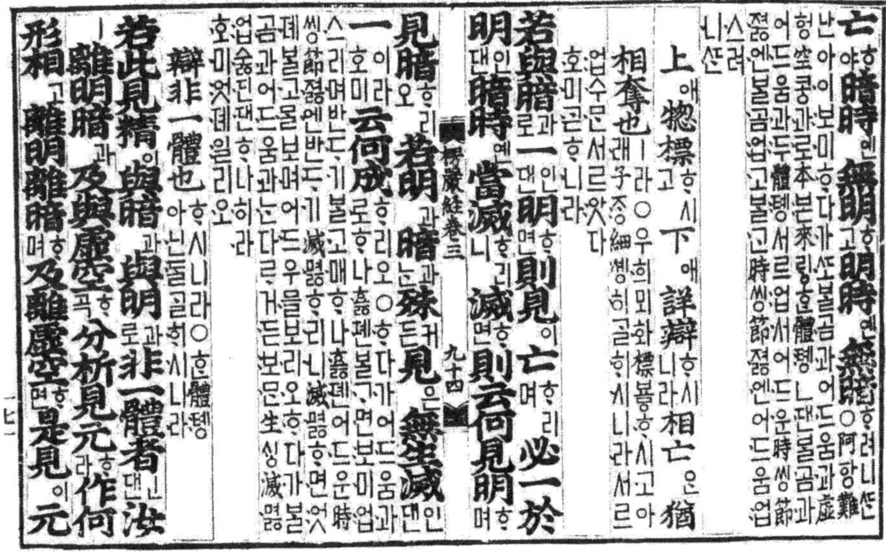

月印千江之曲에서 正音을 主로 하고 漢字가 從屬되게 表記한 것을 두고 "世宗의 理念"의 發露니 하는 憶測이 있는데, 月印千江之曲이 樂章 곧 樂人들이 소리내어 부르는 歌詞이기 때문에 그들이 보기 쉽도록 實用的인 考慮에서 諺文을 크게 쓴 것이라는 짐작이 더 蓋然性이 클 것이다. 그러나 漢字語를 한글로 적을 수 없는 것이기 때문에, 한글로 적힌 漢字音 곁에 漢字를 적었던 것이다.

잠깐 여기서 말해 둘 것은, 지금 國文(諺文)으로 쓰인 文獻만 다루고 있으므로 혹시 이것으로써 그 當時의 刊行文獻의 全部일 것으로 誤解할지도 모른다. 勿論 손가락을 꼽을 만한 數의 諺文文獻보다 數十倍의 많은 漢文書籍이 如前히 刊行되고 있었던 것이다.

世宗이 訓民正音에 依託한 理念은 ① 混亂된 當時의 漢字音을 東國正韻의 正音으로 바로 잡아 學問發展의 基盤을 다짐. ② 訓民正音으로써 民族語를 바탕으로 한 文章을 마음대로 읽고 적을 수 있게 함으로써, 漢字, 漢文으로 文字生活을 하는 桎梏을 풀어줌. ③ 文字(漢字)를 모르는 庶民들에게 읽힐 책들은, 文章을 國文으로 쓰거나 漢文으로 된 것은 國文으로 飜譯하거나 하되, 國文 中에 나오는 漢字에는 正音으로 讀音을 달아 正音字만 익히면 쉽게 읽을 수 있도록 하여, 백성들의 敎化에 힘씀 – 위와 같이 간추릴 수 있을 것이다.

世祖는 先王이 訓民正音에 依託한 理念을 忠實히 이어받아 確固히 하는 데에 精誠을 다하였었다. 그러나 世祖 다음 代 成宗朝에 이르면 世宗, 世祖의 訓民正音에 依託한 理念은 많이 褪色하였다. 成宗朝에 刊行된 國文으로 된 文獻을 들어 보면 : <u>內訓 3卷</u>-成宗 6년(1475), 杜詩諺解 25卷

19册-12년(1481), 三綱行實圖諺解 3卷-12年(1481), 同 21年(1490), 南明泉繼頌諺解-13년(1482), 金剛經三家解-13年(1482), 佛頂心經-16年(1485), 觀音經-16年, 樂學軌範 9卷 3册-24年(1493) 등이다. 그런데 杜詩諺解, 樂學軌範 밖에는 그 諺解原稿가 이미 世宗, 世祖代에 이루어져 있었던 것을 成宗代에 刊行한 것이므로 實質的으로는 世宗, 世祖代의 文獻이라 할 수 있다. 內訓은 李氏朝鮮 歷代 王妃 가운데 가장 知識이 많았던 王妃라 할 수 있는 昭惠王后(仁粹大妃, 成宗의 生母, 世祖의 며느리)가 世祖의 諺解事業을 가까이서 보고 거들었던 만큼 文章이나 正書法이 世宗, 世祖代의 것을 그대로 따르고 있다.[3] 杜詩諺解는 讀者가 知識人인 때문이겠지만 諺解文中의 漢字에 讀音을 달지 않았다.

그러나 그 以後로 刊行된 諺文(國文)으로 된 文獻들은 文章語表記에 큰 變革이 있었다. 文章語表記는 대체로 두 갈래로 갈리게 되었던 것이다. 우선 漢字, 漢文을 익힌 知識人들이 읽을 國文, 여기 나오는 漢字에는 讀音을 안 달았다. 또 하나는 漢字를 모르는 無識人들이 읽을 文章인데, 여기에는 아예 漢字는 없는 純 한글文이 쓰이었다. 無識人들의 글에 漢字를 넣어보았자 군더더기밖에 안 될 것이라는 實用的인 생각, 漢字를 아는 知識層과 漢字를 모르는 無識層과는 딴 階層으로 나누어야 한다는 差別觀念 등이 社會를 支配하게 되었기 때문일 것이다.

앞에서 訓民正音 創製 當時의 世宗, 이어 世祖의 訓民正音에 의탁한

3) 昭惠王后는 이밖에도 六祖法寶壇經諺解(燕山君 2年:1496), 五大眞言(1485), 眞言勸供, 三壇施食文(1496) 등의 刊行에 臨하였다.

理念을 말하였는데, 그 뒤로 그것은 어떻게 展開되었는가. 우선 東國正韻式 漢字音表記는 六祖法寶壇經諺解(燕山君 2年(1496))부터는 全然 안 쓰이게 되었다. 다음, 訓民正音으로써 우리 民族語의 文章을 적을 수 있는 文字手段의 마련. 이는 우리 文化史에 있어 다시 없는 偉業으로, 우리 民族에게 永遠한 빛을 주시었음은 다 아는 바와 같다. 셋째로, 世宗, 世祖代의 正書法과 그 뒤로의 展開, 그런데 이것을 가장 鮮明하게 보려면 「諺解三綱行實圖」를 살펴보는 것이 좋다. 여기 '三綱'은 儒教의 根本綱領인 '忠, 孝, 貞(烈)'을 가리킨다. 儒教의 倫理, 道德을 가르쳐 백성을 教化하는 것은 當時 政治의 要務이었다. 이를 위해 엮은 책이 「三綱行實圖」인데 三綱의 본이 될 行實을 行한 例話들을 모아 글로 적고, 마주 켠 張에는 그것을 그림으로 나타내어 無知한 백성들[4]도 쉽게 理解토록 하였다. 訓民正音 創製 以前에는 그 說明글은 漢文이었으나, 正音이 創製된 뒤로는 거기에 諺解글을 덧붙이게 되었다. 이러한 教化類 諺解本을 들어 보이면 ① 諺文三綱行實烈女圖, 成宗 12年(1481), ② 删定諺解三綱行實圖, 成宗 20年(1490), ③ 宣祖改譯 三綱行實圖, 宣祖 13年(1579), ④ 英祖改譯 三綱行實圖, 英祖 2年(1726), ⑤ 五倫行實圖, 正祖 21年(1797), ⑥ 續三綱行實圖, 中宗 9年(1514), ⑦ 二倫行實圖, 中宗 13年(1518), ⑧ 東國新續三綱行實圖, 光海君 8年(1615) 등을 들 수 있는데 이들 책은 되풀이 複刊, 改刊 重刻되어 李朝를 통하여 가장 많은 部數가 刊行된 책이라 할 수 있다. 그런데 이들에서 ③, ④, ⑥, ⑧ 등은 「删定諺解三綱行實圖」를 底本으로 하고 있다. 한편 위 ② 「删定諺解三綱行實圖」는 成

---

4) 當時 少數의 士大夫나 선비들 아니고는 백성의 거의 全部가 文盲이었다. 光復直後 國民의 80%가 農漁民이었고, 文盲率 또한 그러하였던 것으로 미루어보아 李朝初의 文盲狀況은 充分히 짐작될 것이다.

宗 20年에 刊行이 되었으나 그 諺解原稿는 世宗 때에 이루어져 있었으므로 世宗代의 正書法을 그대로 보이고 있다. 卽 漢字語는 반드시 漢字로 적고 거기에 讀音을 달았다. 그러나 그 뒤의 것은 漢字가 없는 純 한글文으로 되어 있는 것이다. 두어 가지 例를 들어 보여 그것을 確認키로 한다.

우선 ② 「刪定諺解三綱行實圖」의 烈女圖에서 두 편을 여기 옮겨 보인다. (便宜上 띄어쓰기하여 들었음)

〈宋女不改 蔡〉

蔡人妻 宋人之女也 旣嫁而夫有惡疾 其母將改嫁之 女曰 夫之不幸 乃妾之不幸也 奈何去之 適人之道 一與之醮 終身不改 不幸遇惡疾 彼無大故 又不遣妾 何以得去 終不聽

宋·송人ᅀᅵᆫ·ᄋᆡ ·ᄯᆞ·리 남진 어·러 그 남지·니 :모·딘 病뼝·을 :어더·늘 ·어·미 다ᄅᆞᆫ 남진 얼·유·려 커·늘 닐오ᄃᆡ 남지·ᄂᆡ 不·붏幸:ᅘᆡᇰ·호·미 내·ᄋᆡ 不붏幸ᅘᆡᇰ·이·니 :엇뎨 ᄇᆞ·리·리잇·고 ᄒᆞᆫ 번 ᄒᆞᆫ ·ᄃᆡ 독자 바·ᄃᆞ·면 죽·ᄃᆞ·록 고·티·디 아·니·ᄒᆞᄂᆞ·니 不·붏幸:ᅘᆡᇰ·ᄒᆞ·야 모·딘 病·뼝·ᄋᆞᆯ 맛날:ᄡᅳᆫ·뎡 ·큰 연·고 ·업·고 :마·디 아·니커·니 ·엇·뎨 ᄇᆞ·리·리잇·고 ᄒᆞ·고 乃:내終즁:내 듣디 아니ᄒᆞ니라

〈林氏斷足 本國〉

林氏 完山府儒士柜之女也 適知樂安郡事崔克孚 倭寇本府 林被執 賊欲汚之 林固拒 賊斷一臂 又斷一足 猶不屈 被害

林림氏:씨·ᄂᆞᆫ 樂락安한 郡·꾼事:ᄊᆞ 崔최克극孚푸·의 :겨지·비러·니 :예 ·드·리·텨 ·오나·ᄂᆞᆯ 자·피·여 어·루·려 커·늘 ·굿 거슨·대 ᄒᆞᆫ ·ᄇᆞᆯ 버히고 ᄯᅩ ᄒᆞᆫ 발 버·휴ᄃᆡ ᄉᆞᆫᄌᆡ 듣·디 아·니커늘 주기니라

③ 「宣祖改譯 三綱行實圖」에서의 위 '林氏斷足'을 옮겨 보인다.

〈林氏斷足 本國〉

림시ᄂᆞᆫ 라안 군ᄉᆞ 최극부의 계지비러니 예도ᄌᆞᆨ이 드리텨 오나ᄂᆞᆯ 자피여 어루려 커늘 ᄀᆞᆺ 거ᄉᆞᆫ대 ᄒᆞᆫ ᄑᆞᆯ 버히고 ᄯᅩᄒᆞᆫ 발 버효ᄃᆡ 듣디 아니커늘 주기니라

다음은 ⑧ 「東國新續三綱行實圖」에서의 '林氏斷足'을 옮겨 보인다.

〈林氏斷足〉

림씨ᄂᆞᆫ락안군ᄊᆞ최큭부의겨지비러니예드리텨오나ᄂᆞᆯ자피여어루려커늘ᄀᆞᆺ거ᄉᆞᆫ대ᄒᆞᆫᄇᆞᆯ버히고ᄯᅩᄒᆞᆫ발버휴ᄃᆡᄉᆞᆫᄌᆡ듣디아니커늘주기니라

以上에서 張皇하게 記述해 온 바를 통해서 한 가지 우리가 確實히 認識하게 되는 것은 世宗, 世祖代의 國文(諺文)文章에서 漢字語는 반드시 漢字로 적었고 거기에 讀音을 달았다는 事實이다. 世宗, 世祖에게 있어서 漢字語를 正音字로 적는다는 것은 머리에 떠오를 수조차 없는 虛無孟浪한 것이었을 것이다. 말이 여기에 이르면, 賢明한 讀者는 한글專用主義者들이 '世宗大王', '한글 文字'만 들어 내세우고, 世宗, 世祖朝에서의 正書法, 文章語들에 대해서는 言及도 않고 意圖的으로 덮어 두려 한 理由를 짐작하게 될 것이다. 한글專用主義는 世宗의 文字에 대한 理念을 正面으로 拒逆, 反對하는 主張임이 드러나기 때문이었던 것이다. 마치 손바닥으로 햇빛을 가리는 것 같은 속임수로 지금까지 60餘年間을 國家, 國民을 속여 온 한글學者, 한글專用主義者들의 배짱도 대단하다고 할 것이다.

그러나 不義가 永遠할 수는 없어 그 不義를 세상에 드러내어 보이지 않을 수 없는 事態가 일어났다. 그것은 近年(2009年)에 서울의 한복판 世宗大路에 자리한 世宗大王 銅像의 建立이다. 그 世宗大王像 앞에 '訓民正音 序文'을 펼쳐놓게 되었는데, 그 原文에서는 우리가 이미 알다시피 漢字語는 漢字로 적히고 그 곁에 東國正韻式 漢字音(讀音)이 적히었다. 그러나 原文대로 적으면 한글專用이 世宗의 理念을 拒逆하는 主張임이 드러날 것이기 때문에 그 序文 안의 漢字를 다 빼고 純 한글文의 「訓民正音序」를 펼쳐놓은 것이다. 自己들 主義를 밀고 나가기 위하여 歷史의 事實도 歪曲하면서 國家, 國民을 끝까지 속이려는 이 行爲, 이 같은 不義의 한글專用으로 國語正書法을 삼고 있는 現實을 우리는 어떻게 생각해야 될 것인가.

III
漢字의 理解

1. 漢字는 字數가 많아 몹쓸 文字라는 迷信
2. 漢字는 정말로 익히기 어려운 文字인가
3. 漢字는 가장 近代的인 文字

漢字는 字數가 많아 몹쓸 文字라는 迷信

한글專用論者는 漢字의 數의 많음을 들어 漢字는 몰아내어야 할 것이라는 理由로 삼는다.

康熙字典에는 5萬 가까운 漢字가 실려 있으니 이렇게 끔찍스러운 文字가 또 어디 있느냐 하고 겁을 준다. 그러나 이같이 漢字總數의 많음을 걱정하는 것은 한글專用論者가 問題를 보는 視點을 잘못 잡은 데에서 오는 認識不足에 따른 것일 뿐이다. 지금 우리에게 漢字의 總數가 많음이 무슨 상관이 있는가. 5萬이 아니라 10萬 또는 20萬이 있은들 우리가 아랑곳 할 바는 아닌 것이다. 우리는 다만 國語 안의 漢字語를 적을 漢字를 論議하면 되는 것이기 때문이다. 한글專用論者들의 걱정은 이를테면 내가 집을 짓기 위해서 銀行에서 融資를 받으려 할 때, 내가 집을 짓는 데 필요한 額數만 생각하면 될 것을 그 銀行이 돈을 얼마나 保有하고 있느냐를 따지는 격이다.

하기야 好事家는 康熙字典에 어째서 5만이나 되는 漢字가 실려 있는가 알아보고 싶을 것이다. 그런데 康熙字典이란 본래 日常 實用을 위해서 엮은 字典이 아니라 淸朝 때에 漢字 三千年의 歷史 동안 세상에 나왔던 漢字를 모두 모아 실었다는 性質의 것이다. 그렇더라도 5만이라는 漢字가 진정 쓰였던 것일까. 康熙字典의 分析은 그 자체로서 흥미 있는 論題이지만 漢字數가 그같이 많게 된 몇 가지 理由를 잠깐 말해보겠다. 漢字 字體에는 別體字가 많다. 말하자면 같은 글자인데도 모양을 달리하는 경우이다. 몇 가지 예를 들건대 群-羣, 略-畧, 萬-万, 耻-恥, 贊 , 鷄-雞 따위이다. 이 別體字가 字典의 상당한 部分을 차지하게 되는데, 그 한 證據를 든다면 漢字記錄의 最高位에 屬할 〈類篇〉에는 53,165字가 실려 있는 가운데서 21,846字 곧 總數의 41%가 別體字라 한다. 또 康熙字典에는 死字가 적지 않게 실려 있다. 이를테면 지난날에는 '소[牛]'의 종류에 따라서 저마다 다른 漢字가 쓰여서 《說文解字》에는 소를 가리키는 漢字가 18字가 있으나 이제는 '牛'만 쓰이고 종류의 다름은 形容詞를 얹어 분간한다. 또한 時代를 따라 내려오면서 熟語(漢字語)가 많이 생기게 되었으므로 그에 따라 많은 死字가 생겼다. Wieger는 이르기를 康熙字典의 漢字 가운데 3萬4千字는 본래 소용이 없는 글자라 하였고 Karlgren은 中國語字典에는 4萬 以上의 漢字가 실려 있으니 놀라운 일이지만 실제로는 3千年에 걸쳐 中國文獻에 쓰인 漢字는 겨우 6~7千이며 약 4千字만 알아도 古典을 읽는 데에 모자람이 없다고 하였다.

그러면 國語漢字語를 적기 위한 漢字의 數는 얼마나 될까. 이것을 알아보기로 하겠는데 그에 앞서 먼저 中國과 日本에서의 現用漢字數를 알아보기로 하자. 먼저 中國의 경우부터 알아보기로 하는데, 1981年에 中國政府가 公布한 情報處理用 標準漢字(GB2312-80)는 6,763字이며 아마 이것이 현재 中國에서 日常的으로 通用되는 漢字의 總數일 것이다. 그러나 實際生活에서 이렇게 많은 漢字가 모두 사용되는 것은 아니다. 中國政府는 보다 정확한 漢字의 使用頻度를 調査하기 위하여 各種의 文學作品, 新聞記事와 雜誌, 日常會話, 自然科學과 技術分野, 社會科學과 哲學分野 등의

5個 分野의 各種 文獻을 선정하여 이를 컴퓨터에 入力하고 이를 根據로 다음과 같은 統計를 提示한 바 있다.

使用된 漢字數	10	40	160	950	2,400	3,800	5,200
出 現 頻 度	11%	25%	50%	90%	99%	99.9%	99.99%

이 表는 우리에게 出現頻度가 높은 950字를 알고 있으면 一般的인 書籍의 90%를 理解할 수 있고, 3,800字를 알고 있으면 一般的인 書籍의 99.9%를 이해할 수 있음을 보여준다. 현재 中國의 小學校부터 高等學校까지의 國語敎科書에 쓰이고 있는 漢字 가운데 出現頻度가 가장 높은 100字를 알고 있으면 위의 統計에 使用된 資料의 44.33%를 理解할 수 있고, 1,000字를 알고 있으면 위의 統計에 使用된 자료의 78.57%를 理解할 수 있다고 한다.

다음에는 日本의 경우를 보자. 日本에서는 지금까지 여러 漢字調査가 이루어졌는데 文書에 쓰이는 漢字數는 많이 잡아 4,000字 程度라 한다. 다음 〈表 1〉을 보기 바란다.

〈表 1〉 主要漢字調査의 出現 漢字數

調査對象	總/異種字數	調査機關
新聞活字使用數(1948年)	1705.3萬/2,308	韓日新聞東京本社
婦人雜誌(1950年)	17.5萬/3,048	國立國語硏究所
綜合雜誌13誌(1953年)	11.7萬/2,781	國立國語硏究所
活字使用度數調査(1953年)	32.1萬/2,641	每日新聞大阪本社
現代雜誌 90種(1956年)	28.0萬/3,328	國立國語硏究所
라디오 뉴스 原稿(1965年)	33.8萬/2,109	NHK 總合放送文化硏究所
現代新聞 3紙(1966年)	99.1萬/3,213	國立國語硏究所
文字出度調査(1971年)	46.6萬/2,279	共同通信社
單行本, 雜誌, 辭典, 百科事典 等(1976年)	530.2萬/4,526	凸版印刷 K.K

出典 : 「圖說日本語」(角川書店, 1982)에 의함.

4,000字라 해도 너무 많다. 4,000字를 익히고 使用하는 것은 不可能에 가깝다. 그런데 日常實際로 쓰이는 漢字는 4,000字보다 훨씬 적은 것이다. 〈表 2〉를 보기 바란다.

〈表 2〉 新聞과 雜誌의 漢字累積 使用分布

	新聞	雜誌		新聞	雜誌
上位의			上位의		
10字	10.6%	8.8%	1,000字	93.9%	90.0%
50字	27.7%	25.5%	1,500字	98.4%	96.0%
100字	40.2%	37.1%	2,000字	99.6%	98.6%
200字	56.1%	52.0%	2,500字	99.9%	99.5%
500字	79.4%	74.5%	3,000字	99.9%	99.9%

出典 : 「現代新聞의 漢字」(國研報告 56, 1976)에 의함.

〈表 2〉에서의 新聞이나 雜誌의 경우로 보면, 文章에 있어서 99%의 異種漢字는 約 2,000字에 지나지 않음을 볼 수 있다. 卽 日常生活에서 2,000字程度의 漢字를 알고 있으면 모자람이 없는 것이다.

그래서 初等敎育에서 가르칠 漢字를 1,000字, 그리고 社會生活에서 쓰는 漢字를 2,000字 정도의 範圍에 限定하는 것이 有效한 措置라 볼 수 있다고 하였다.

中國, 日本의 경우를 살펴보았지만 이러한 事情은 우리나라에서도 別로 다름이 없겠다. 우리의 경우 이들 두 나라보다 使用 漢字가 적으면 적었지 더 많지는 않을 것이다. 그래서 우리나라에서도 2,000~3,000字 정도의 漢字를 쓰면 文字生活에 모자람이 없을 것이고 義務敎育期間에 初等學校에서 約 1,000字, 中高等學校 課程까지에 約 2,000字를 익히도록 하면 漢字語를 굳이 한글로 적을 것 없이 漢字로 적어 正常的인 文字生活을 이룰 수 있다.

여기 한 가지 덧붙이고자 하는 바는 漢字 2,000字를 익힌다는 것은 단순히 文字 2,000字를 익혔다는 것을 넘어서 오늘날 쓰이는 國語漢字語의 90~99%의 根據를 把握하게 된다는 것을 뜻한다는 것이다. 그것은 中國이나 日本 그리고 우리나라에서의 漢字使用에 있어서 漢字는 文字라기보다 造語素로서의 구실을 하고 있기 때문이다. 다시 말하면 漢字 약 2,000字로써 이들 나라의 漢字語의 大部分이 造成되고 있는 것이다. '家' 字 하나를 들어 보아도 이것으로 이루어진 語彙는 家口, 家具, 家內, 家門, 家譜, 家寶, 家事, 家乘, 家臣, 家釀酒, 家業, 家屋, 家長, 家傳, 家庭, 家族, 家主, 家畜, 家出, 家親, 家宅, 家風, 家訓, 古家, 國家, 一家, 農家, 大家, 名家, 法家, 分家, 王家, 外家, 儒家, 諸子百家, 宗家, 出家, 親家, 畵家, 好事家 등 대단히 많다.

이러한 漢字의 效用을 모두 저버리게 된다는 것만 생각해도 한글專用論은 설 자리가 없다 해야 할 것이다.

漢字는 정말로 익히기 어려운 文字인가?

한글專用論者가 漢字를 쓰지 말고 한글專用을 하자고 주장하는 가장 큰 이유는 漢字가 익히기 어렵다는 데에 있다.

漢字의 字數가 많음을 따지는 것도 字數가 많기 때문에 익히기 어렵다는 것을 뒷받침하기 위해서이다. 그러나 한글專用論者의 漢字가 익히기 어렵다는 觀念은 實像의 인식이라기보다는, 그들의 인식부족이나 오해, 편견 등이 빚어낸 虛像이라 함이 옳다.

한글專用論者는 漢字를 익히기 어려운 理由로 漢字의 字數가 많음을 들며 康熙字典의 5萬이라는 字數를 들추기도 하지만 우리가 國語表記에서 漢字使用이 要請되는 것은 오로지 國語漢字語를 적기 위한 것이요, 그 같은 視點에 선다면 漢字의 數는 一定하게 限定된다. 곧 漢字를 特別히 많이 필요로 하는 사람이라면 約 3千字라도 익혀야 하겠지만 일반인의 日常的 文字生活을 위해서는 2千字면 넉넉하고 初等教育段階에서는 約 1千字 程度의 漢字를 가르치는 것이 타당하다. 그리고 이들 漢字들은 使用頻度調査에 근거해서 特定될 수 있다.

한글專用論者들은 또한 흔히 '漢文' 공부의 어려움을 漢字 익히는 것과 혼동하여 漢字는 어렵다는 생각으로 바꿔놓고 있다. 周時經도 이와 같은 혼동을 하고 있지만, 이를테면 최현배 '글자의 혁명'[1] 에서

"조선 사람은 이 지극히 어려운 漢字를 댓살의 어릴 때로부터 배우기 비롯하여 평생으로 그 글자 그 글월을 배우노라고 여념이 없이 무수한 시간을 허비하되… 이 어려운 漢字를 배우노라고 머리가 세어지고 정력이 없어지어 민족적 생명의 쭈그러짐이 컸다. 한말로 하면 과거 五百년 간의 배달겨레는 漢字의 重壓(중압)에 눌리어서 그만 기를 펴 보지 못하고 살았다."

고 할 때, 漢字라 한 것은 실은 漢文의 경우를 가리키고 있는 것이다.

漢字廢止論者들은 또한 대개 日本에서의 漢字使用의 어려움을 우리의 경우에 확대시켜 말하였다. 中國, 韓國, 日本이 다 漢字를 쓰지만 日本에서의 漢字使用의 어려움은 類別난 바가 있다. 우선 日本語에서 漢字의 音은 漢字가 들어온 시기나 경로에 따라 漢音, 吳音, 宋音 또는 唐音의 여러 벌이 있다. 그래서 이를테면 '行'은 '銀行'에서는 KO:(ginko:)이지만 '修行'에서는 gyo:(shugyo:)로 읽히고 '行脚'에서는 an(angya)으로 發音된다. 한편 日本의 漢字는 音讀 밖에 訓讀의 사용이 있는데 訓讀이란 漢字를 그 意味에 따라 固有日本語를 적는 데에 써서 그 漢字를 固有語로서 읽는 것이다. 이를테면 위의 '行'은 yuk-u / 行く(가-다), okona-u / 行(な)う(行하-다)로 읽히기도 한다. 이 訓讀使用 때 動詞 등의 訓讀漢字에 뒤잇는 語尾를 적는 일[送りがな : 오쿠리가나라 함]은 퍽 複雜하다. 이리하여 日本에서의 漢字使用은 걷잡을 수 없을 만치 어려운 것인데 G. Sampson이 그의 「Writing Systems」[2]에서 이에 대하여 상세히 서술하고 있다.

이밖에도 日本語의 音韻은 國語에 比하면 빈약하기 때문에 國語에서라

1) 최현배, 《글자의 혁명》, 정음사, 1956(初版 1947). p.25.
2) G·Sampson, (Writing Systems-A linguistic introduction, Stanford University Press, 1985.) pp.176-190.

면 모두 따로 發音될 漢字語도 日本語에서는 同音異義語가 됨이 많다. 이를테면 歸還, 旗艦, 機關, 氣管, 汽罐, 奇觀, 期間, 基幹, 旣刊, 貴簡, 貴官, 龜鑑, 飢寒 등은 모두 한가지로 「kikan」으로 발음된다. 어떤 한글專用論者는 日本에서는 '가나' 專用을 하려 해도 이런 이유로 할 수 없다고 우리의 한글專用을 자랑이나 되듯이 말하고 있다. 日本學者들은 日本語에서의 이러한 漢字使用의 複雜함을 논의한 책들을 많이 내어놓고 있지만 漢字가 어렵다는 것을 선전하고 싶은 한글專用論者들은 즐겨 이런 책들을 읽고 우리의 경우에 확대하여 말한 것이다.

그러나 알다시피 國語에서의 漢字使用은 퍽 簡明하여 漢字의 音은 各漢字에서 한가지뿐이며(省을 성, 생, 殺을 살, 쇄, 樂을 락, 악, 요 등으로 읽어 두 가지 또는 세 가지 音을 가진 것이 있지만 그것은 몇몇 한정된 漢字에서의 일이다.) 또 日本과 달리 漢字는 오직 漢字語를 적는 데에만 쓰일 뿐이다. 한편 日本에서와 같은 漢字의 訓讀使用이 없으니 '오쿠리가나(送りがな) 같은 번거로움도 없다. 복잡한 漢字使用이라는 좋지 못한 조건을 안고 있는 日本에서는 아무 말 없이 漢字를 쓰고 있는데 조건이 이같이 좋은 우리나라에서 漢字가 어렵다느니 廢止하자느니 시끄러운 것은 어찌된 일인가.

한글專用論者들을 사로잡고 있는 이러한 오해나 認識不足을 걷어내고 허심탄회하게 漢字라는 文字가 과연 學校에서의 學習을 그만둘 만큼 어려운 文字인가 하는 데 대해 檢討해 보기로 하자. 그런데 檢討에 앞질러 우리의 견해를 말한다면 漢字라는 文字는 오히려 퍽 記憶하기 쉬운 文字이며 특히 어린아이들에게 있어 익히기 쉬운 文字라는 것을 말해야 하겠다. 두어 가지 구체적인 事例를 들어 보인다. 日本의 石井勳이란 사람은 독특한 漢字學習

法을 開發하여 유명하거니와 그 방법을 가지고 보통의 유치원 아동들에게 漢字를 가르치면 소학교에 들어가기 전에 千字 정도의 漢字는 다 읽게 된다고 한다.[3] 그런데 이런 것은 새삼스러운 얘기가 아니라 과거 우리나라에서도 아이가 5~6세가 되면 千字文을 가르치는데 대개 1년 안에 千字文 卽 1,000字의 漢字를 떼었다. 또 한 가지 日本學者의 말을 인용하건대 美國, 英國, 獨逸 같은 선진국에서조차 學童들이 모국어인 英語나 獨逸語를 읽지 못하는 失讀症, 讀書不振이 많아 심각한 문제로 되어 있으며 美國에서는 간단한 英文도 충분히 못 읽는 讀書不振兒가 10~20% 있는 것으로 추정되고 있다. 이에 비하여 日本에서는 그러한 讀書不振兒는 皆無하다고 하는데, 그 이유가 딴 데 있는 것이 아니라 漢字와 가나로 쓰인 日本의 表記法 때문이라 하였다.[4] 이것을 보아서도 漢字란 결코 익히기 어렵지 않고 오히려 익히기 쉬운 文字라는 것을 짐작할 수 있다.

그러면 漢字는 왜 익히기 쉬운가. 漢字라는 文字는 그 自體內에 有緣性과 組織性을 지니고 있다. 곧 漢字는 六書의 원리에 의하여 組織的으로 造成되어 있기 때문에 五百字 程度의 '源字'를 알면 그것을 바탕으로 해서 쉽게 2~3千字의 漢字에 通達될 수 있는 것이다. 이를테면 杉(삼나무 삼), 枇(비파나무 비), 柏(잣나무 백), 柚(유자나무 유), 桐(오동나무 동), 梅(매화나무 매), 榴(석류나무 류), 楊(버들 양), 桃(복숭아나무 도), 枝(가지 지), 根(뿌리 근), 杖(지팡이 장) 등 漢字는 그 구성 성분이 되어 있는 '木'에 의해서 나무의 이름, 나무에 관련된 것이라는 것이, 그리고 音標部分에 의해서 그 發音이

---

3) 海保博之(1984), 《漢字を科學する》, 有斐閣, 東京, pp.5-7.

4) 海保博之(1984), p.122.

쉽게 익혀질 수 있다. 漢字가 특히 兒童들에게 익히기 쉽고 또 學習에 興味를 주는 것은, 위와 같은 구조상의 有緣性이나 組織性 외에 漢字 한 字 한 字가 獨自의 圖形을 가지며 한편으로 그 各 圖形이 직접 概念과 대응하기 때문이다. 漢字를 익힌다, 곧 기억한다는 것은 어떤 것인가. 이를테면 '山'이라는 漢字를 기억하려면 우선 시각적인 기억으로서 '山'이라는 圖形(字形)이 기억되겠는데, 한편으로 '山'은 '산'이라는 概念을 가리키므로 그 概念의 실제적인 산의 모양이 기억에 작용할 것이다. 물론 '山'은 /산/이라는 音形을 가지므로 그 '山'이 聲帶의 근육을 어떻게 해서 발성하는가 하는 청각형 기억도 그에 따르며, 한편 '山'을 書寫하면서 손의 근육을 어떻게 해서 그것을 쓰는가 하는 행동형 기억 또한 뇌리에 새겨진다.5) 漢字를 익힐 때 많이 쓰게 하는 것은 이 때문이다. 이들 중에서도 視覺的인 기억은 漢字가 지닌 獨特한 특징인데, 본래 五官 중 視覺이 가장 강하고 또 그것이 그 漢字가 가리키는 概念과 연결되어 있기 때문에 더욱 그 漢字는 기억하기 쉽게 되는 것이다. 우리가 漢字學習을 初等學校段階에서 課하는 것이 좋다고 하는 데에는 이런 理由도 있다. 漢字 익히기는 글 배우는 첫 段階부터 課하는 것이 바람직하다. 사람의 일생은 有限한데 어린아이들의 漢字學習能力이 우수하다면 될수록 일찍 漢字를 가르쳐서 인생에서 그만큼 漢字 쓰는 期間을 많게 하는 것이 현명한 措置가 될 것이다.

漢字는 이같이 기억하기가 즉, 익히기가 쉬운 文字이거니와, 그러나 오늘의 한글專用의 文字政策이 이런 쉬운 漢字를 익히기 어려운 것으로 만드는 與件을 조성하고 있다. 기억에는 直接的 기억 외에 間接的 기억이 聯想 작용으로서 존재하는바, 곧 漢字 山은 '山'을 쓴 여느 단어(이를테면 山川, 山水, 北漢

---

5) 渡邊茂(1976), 《漢字と圖形》, 日本放送出版協會, p.91.

山 등), '山'을 지닌 여느 漢字(이를테면 峽, 岩, 峯 등) 들이 기억에 도움을 준다. 또 山에 관련된 현상(이를테면 등산했던 일, 사진에서 본 산, 산에서의 경험 등) 같은 것이 모두 漢字를 기억할 때에 관련되어 기억을 돕기도 하고 기억을 더욱 뚜렷하게도 한다.[6]

오늘의 한글專用은 漢字 익히기에 다음과 같은 損失도 따르게 하고 있다. 日本의 文部省에서 낸 「의무교육에 있어서의 漢字 학습에 관한 조사보고(1951)」에 따르면 학생들은 교과서에서 배운 漢字 이외의 漢字를 상당한 量 習得하고 있었는데,[7] 이것은 讀書에서라든가 거리의 간판이나 標識의 漢字들을 통해서 절로 習得한 것임을 뜻한다. 한글專用의 우리 社會는 이러한 간접적 漢字 習得의 기회도 빼앗고 있는데, 읽고 쓰는 능력의 양성이 學校에서 만이 아니라 사회에 나가서도 계속된다는 것을 생각할 때, 이러한 손해는 작지 않다. 그런데 이런 것들보다도 한글專用이 漢字 익히기에 障碍가 되고 있는 중요한 점은 學習과 報酬의 원리, 그리고 練習의 기회가 주어져 있지 못하다는 것이다. 學習한 것이 어떤 효능을 나타낼 때 學習意欲이나 學習進度를 높일 수 있다. 그런데 오늘날 한글專用의 文字政策 상황에서는 漢字를 익혀도 그 習得의 보수를 크게 얻지 못한다. 그리고 주위에 漢字가 없기 때문에 익힌 漢字를 되풀이 연습해서 기억을 다진다는 것이 거의 이루어질 수 없는 것이다.

요컨대 漢字는 결코 한글專用論者들이 말하듯 익히기 어려운 文字가 아니며, 한글專用이 오히려 學生들로 하여금 漢字에 접근하지 못하게 함으로써 익히기 어려운 것으로 하고 있는 것이다.

---

6) 渡邊茂(1976), pp.87-94.

7) 海保博之, pp.139-140.

漢字는 가장 近代的인 文字

사람들은 漢字를 벌써 옛날에 博物館에 갔어야 할 것이 지금에 살아남아 쓰이고 있는 文字쯤으로 생각한다. 當然히 漢字는 가장 非近代的이고 非能率的인 文字로 치부된다. 이런 판에 여기서 漢字야말로 文字들 가운데서 가장 近代的이며 가장 理想에 가까운 文字라 말한다면 '어깃장 놓는 소리 한다'고 핀잔이나 받을지 모르겠다. 그러나 事實은 그것이 眞實이며 그리고 이러한 結論은 바로 漢字가 그 古代文字로서의 허물을 못 벗었다고 일컬어지는 바, 곧 表語文字라는 事實에서 말미암는 것이다. 다음에 이 立言을 論證해 보기로 한다.

言語는 그 媒體에 따라 音聲言語와 文字言語로 가를 수 있겠는데 音聲記號를 媒體로 하는 言語가 音聲言語이며 視覺的 記號를 手段으로 하는 言語가 文字言語이다. 따라서 文字言語의 記號가 된다는 데에 文字의 存在理由가 있다 할 것이다. 그런데 이 두 가지 言語 가운데에서 오늘날 近代社會에 있어서는 文字言語는 그 效用과 價値가 일찍이 볼 수 없을 만치 重要하게 되었다. 오늘의 文明社會는 文書 속에 담긴 知識, 情報로 運營되며 文明의 蓄積, 傳達은 거의 全的이라 할 수 있을 만치 文書·書籍에 依存하고 있다. 사람들은 現代를 흔히 大量情報의 時代라는 말로 特徵짓거니와 大量情報의 處理는 곧 大量의 文書의 處理를 뜻한다. 圖書館에는 書籍이

山積해 있으며 現代人은 文書의 洪水 속에서 쏟아지는 文書情報를 處理하는 데에 汲汲하다. 어떤 사람은 이런 事態를 情報爆發이라는 말로 가리킨 바 있지만 이와 같은 事態 속에서 文字言語의 表現手段인 文字의 機能에 대해서도 새로운 角度에서 檢討가 加해지지 않을 수 없게 되었다. 곧 이 大量의 文書를 보다 빨리, 그리고 보다 正確하게 處理하는 일이 切實히 要求됨에 이르렀고 그에 따라 文字도 이러한 要求에 보다 잘 副應되는 것이 理想的인 것으로 評價받게 된 것이다.

이러한 脈絡에서 漢字는 近代的인 文字, 理想的인 文字로서 새로운 脚光을 받게 되었다. 漢字의 近代的인 文字로서의 優秀性은 그것이 表語文字라는 데에서 말미암는 것이다. 漢字 各字는 文字이면서 또한 單語가 된다. 따라서 漢字의 경우 讀書에서 把握되어야 할 表象과 文字와는 直結되어 있다.[1)]音相 把握이라는 한 段階를 더 거쳐야 하는 表音文字의 경우보다 漢字로 적힌 것이 讀書能率이 오를 것은 그러니 當然하다.[2)] 여기에 덧붙여 漢字는 글자마다가 自己 固有의 形象을 지니고 있기 때문에 여기에서 절로 漢字의 높은 視覺性이 빚어진다. 漢字는 눈만 한번 가면 把握되는 文字이다. 가령 우리가 漢字字典 끝에 있는 字音索引에서 目的하는 漢字를 찾아내려 할 때 결코 한 字 한 字를 눈여겨 살피지 않는다. 다만 찾고 있는 漢字의 圖形的 이미지와 마주치기 위해 漢字들을 한번 죽 훑어가면 된다. 마치 群衆 속에서 어떤 사람을 찾을 때 그 찾는 사람의 印象과 마주치기 위해 한 바퀴 휙 둘러보기만 해도 되는 것과 같다. 視覺性이 높다는 점에서 漢字만한 글자는 없다.

1) 海保博之 編《漢字を科學する》, 有斐閣選書, p.53, pp.55-58.

2) 日本「가나」와 漢字로써 實施한 한 實驗에 의하면 單語의 읽기 處理의 時間이 「가나」의 경우가 漢字의 경우보다 約 3倍나 더 걸린다고 한다(漢字を科學する, p.53).

마치 사람마다 얼굴이 다르듯이 漢字는 各其 固有한 字形을 지니고 있기 때문이다. 現代社會에 있어 文字의 視覺性은 文字가 가질 여러 效能 가운데서도 첫째로 손꼽아야 될 要件이 되었다. 漢字의 높은 視覺性은 우리가 日常에서 直接 經驗하고 있는 事實이지만 漢字의 뛰어난 視覺性을 證明하는 實驗 가운데 두어 가지를 紹介하겠다 : 漢字와 「가나」文字의 混用의 表記를 하는 日本글에서의 實驗인데 日本의 一般讀者가 漢字 한 字를 把握하는 데에 드는 時間은 約 千分의 3秒라는 것이다.[3] 말하자면 눈을 주는 瞬間에 그 漢字 그리고 그 漢字가 담고 있는 字意를 把握해 버리는 것이다. 또 하나, 이것도 日本에서의 實驗인데 道路標識板을 漢字, 「가나」, 「로마」字의 세 가지로 써서 어느 것이 가장 빨리 把握되는지 實驗한 結果 漢字로 쓴 것이 越等히 빠른 것으로 나타났다는 것이다.

다음은 또 다른 面에서의 漢字의 優秀性을 보기로 하자. 同一 스페이스에서의 情報處理의 量을 따질 때 漢字는 世界의 文字 가운데서 제일 많은 情報를 受容할 수 있을 것이다. 이를테면 곁에 있는 新聞에 나온 單語 몇 개를 적어보자. '收入', '調節', '交涉', '候補', '摸索', '膨脹'. 이런 單語들의 內容을 英·獨·佛語로 나타내려 한다면 相當한 길이를 가진 單語를 必要로 하겠지만 漢字語는 그 複雜한 高度의 概念을 단지 두 글자로써 나타내고 있다.

한편 漢字는 그 自體 意味를 지니고 있는 文字이기 때문에 쉽게 短縮語를 만들 수 있다. '機械 器具'를 줄여서 '機器'라 하고, 注文을 發하는 것을 '發注', 여기에서 다시 '受注'라는 말이 만들어진다. '月産'이 쓰이게 되면 '年産', '日産'하는 말이 쉽게 생겨나고 物價의 急騰, 그 反對로 急落, 또는 續

3) 鈴木修次《漢字再發見》, PHP研究所, 京都, 1983, p.76; 海保博之《漢字を科學する》, p.41.

落, 그리고 騰勢, 反騰 등 短縮語가 잇달아 이루어진다. 그러다 보면 告訴, 提訴, 勝訴, 敗訴, 公益, 外資, 過密, 過疎 등 그것이 短縮語라는 것조차 모르고 쓰이게 되기도 한다. 알파벳圈에서도 頭文字를 따서 많은 短縮語들을 만들고 있지만(UN, IOC, ICBM, IC) 이 경우 그 數가 많아지면 一種의 暗號같이 되어 버리나4) 漢字의 경우는 위에 보듯이 短縮語라는 것을 意識치 못할 만큼 그 意味와의 關聯이 語形에 反映되어 있다. 漢字는 現代社會가 要求하는 文字機能의 核心的인 面에 있어 움직일 수 없는 優越性을 갖추고 있다. 近代的인 文字言語는 빠르고 正確한 讀書處理 可能性을 第一義的인 長點으로 삼는다 할 수 있는데 漢字는 어느 文字보다도 迅速하고 正確한 讀書處理를 保障하는 文字라 할 수 있는 것이다.

이번에는 漢字는 그 素材 안에 豊富한 自體情報를 지니고 있다는 데 대해서 얘기해 보겠다. 가령 志, 忠, 忌, 惠, 惑, 愁, 想, 感, 忿, 悠, 怨, 思, 念, 慈, 悲, 恐, 怒, 忘 등 글자를 보면 우리는 그 글자를 잘 모르는 경우라 해도 그것이 '마음(心)'의 作用과 關聯이 있는 뜻을 가졌다는 것을 짐작할 수 있다. 뿐만 아니라 忌, 惑, 想, 忿, 悲, 怒, 忘 등의 字音이 各其 己, 或, 相, 分, 非, 奴, 亡 등과 같은 것이라는 情報도 얻을 수 있다. 이런 特徵으로 하여 漢字는 記憶하기가 쉽다. 意味處理가 깊을수록 記憶을 지니는 데에 有利하기 때문이다.5)

漢字는 表音文字처럼 單純히 소리만 적는 符號가 아니라 情感을 가진 살아 있는 文字이다. 어떤 사람은 locomotive의 綴字形은 機關車를 想起시킨

4) 鈴木修次《漢字再發見》, pp.19-23.
5) 海保博之 編《漢字を科學する》, pp.55-58.

다고 하였지만 漢字는 글자마다가 感性을 불러일으키는 것이다. 어느 百貨店 正面을 裝飾한 큰 포스터 看板에서 봄에 「春」, 가을에 「秋」라는 글자 한 字를 크게 디자인해 써 놓은 것을 보았지만 漢字 그 自體가 感性을 불러일으킨다는 效果를 宣傳에 利用한 端的인 例라 하겠다. 漢字의 書道는 藝術로 提高되어 있지만 그것을 뒷받침하는 重要한 要素는 漢字가 지닌 情感이다.

그런데 漢字는 表語文字라는 데에서 오는 어쩔 수 없는 短點도 지니고 있기는 하다. 무엇보다도 表音機能이 신통치 못하다는 것이다. 그래서 만약 漢字의 이런 缺陷을 表音文字가 適當히 補充해 주는 文字法이 있다면 그것은 곧 理想的인 文字法이 될 것이다. 美國의 有名한 中國系 言語學者 趙元任(Yuen Ren Chao)이 바로 그런 理想을 그리고 있다. 그는 數千의 表語文字와 數十의 表音文字로 된 文字法이 있다면 가장 바람직한 것이 될 것이라고 하였다. 그런데 이 理想은 現實에서 日本語의 正書法에서 實現되고 있다. 또 한글專用에 밀려 바야흐로 사라지려 하고 있는 從來의 우리 國語文章語表記도 같은 表記法이었다. 日本이나 우리가 두 가지 文字體系의 長點을 아울러 누릴 수 있는 것은 이 두 나라의 固有 文字가 表音文字인데다가 그 語彙 안에 많은 漢字語 語彙를 간직하고 있다는 데에 있다. 두 國語에서 若干의 差異는 있겠지만 그 全 語彙의 60~70%가 漢字語로 되어 있다. 특히 學問的, 專門的인 高次概念의 語彙는 거의 다가 漢字語로 되어 있다. 日本語 文字法의 優秀性은 오늘날 大量情報時代에 그 價值를 十分 發揮하고 있는 바, 日本에서는 讀書文化가 퍽 發達되어 있고 國民의 讀書熱이 높으며[6] 그것이 오늘날 世界가 羨望하는 日本의 發展을 뒷받침하고

6) 吳之湖(1971) 《알파벳트文明의 終焉》, 三研社, p.68.

있는데, 이러한 높은 讀書文化는 바로 日本의 文字法의 優秀性에서 그 主原因을 찾을 수 있는 것이다.7)

여기서 우리는 國語 發展에서의 漢字의 功德이라는 데로 말머리를 돌리기로 하자. 우리는 앞에서 우리나 日本이 漢字의 福을 누릴 수 있는 根據가 日本語나 國語에 들어 있는 漢字語 때문이라 하였다. 그런데 日本語, 國語 안의 漢字語 – 이들 漢字語는 결코 中國語나 外來語가 아니고 國語라는 것을 確實히 認識하자 – 의 大部分은 이들 나라가 西洋의 近代文明을 받아들여 오는 過程에서 마련한 것이다. 우리의 近代的인 文化, 學術은 거의 다 西歐의 近代文化를 들여와서 이룩된 것이지만 새로운 文化, 學術의 導入은 그 文化, 學術을 뒷받침하고 있는 槪念의 導入을 바탕으로 한다. 이 大量의 새로운 槪念을 漢字文化圈의 나라들은 漢字語를 통해서 消化하였다. 漢字는 表語文字라는 條件으로 해서 대단히 높은 造語力을 가지고 있어 漢字 두 字를 結合하여 쉽사리 새로운 말을 만들 수 있었던 것이다. 日本이나 우리가 별 어려움 없이 짧은 時日 안에 西歐의 近代文化·學術을 消化할 수 있었던 것은 漢字의 덕택이며 이는 漢字를 못 가진 東南亞 여러 나라의 境遇와 비겨 보면 쉽게 알 수 있다.

더욱이 이들 漢字語는 2千字 內外의 漢字를 素材로 하여 만들어지고 있다. 그래서 漢字 2~3千字의 知識은 數萬의 漢字語의 知識을 덤으로 가져다 주는 것이다. 漢字가 非近代的인 文字라는 神話는 우리나라 一部 사람들에게는 知識의 限界를 넘어서 信念으로까지 되고 있는데, 그 잘못된 認識이 우리에게 끼치고 있는 弊害는 말할 수 없이 크다는 것을 알아야 한다.

7) 渡邊茂(1976)《漢字と圖形》, NHKブックス 264, 1976, p.26.

Ⅳ

한글專用의 不條理

1. 한글專用表記는 果然 表記法이 될 수 있는가
2. 한글學者의 잘못된 한글 認識이 빚은 한글專用論
3. 「국어기본법」의 「어문규범」에 대하여

한글專用表記는 果然 表記法이 될 수 있는가

前에는 '漢字廢止'나 '한글專用'이나 같은 뜻의 말로, 다시 말하면 한 가지 내용의 것을 가리키는 用語로 쓰였었다. 그러나 한글專用과 漢字廢止는 결코 같은 것일 수 없으며, 그 혼동은 우리의 漢字問題 論議에 혼란을 가져왔다고 할 수 있다.

한글專用이란 한마디로 말한다면 國語語彙의 70%를 차지한다고 하는 漢字語를 表記할 때 그것을 이루고 있는 音形으로 적자는 것이다. 이를테면 獨立門을 '독립문', '協力'을 '협력', '人間'을 '인간', '鐵道'를 '철도'로 적자는 것이다. 그런데 이것은 漢字를 廢止한 것이 아니고 다만 漢字語를 그 讀音으로 적은 것일 뿐이다. 이에 대해 漢字廢止는 漢字를 아주 없애자는 것인데 진정 漢字를 廢止한다면 漢字語도 國語語彙에서 다 몰아내지 않으면 안 될 것이다. 漢字語는 漢字로 이루어져 있으며 우리가 表記에서 漢字를 쓰게 되는 것은 다름 아닌 漢字語를 적기 위해서이기 때문이다.

오늘의 한글專用論의 성립은 우리나라 開化期初로 거슬러 올라간다. 그런데 그때의 한글專用論者, 이를테면 周時經이 애초 생각한 것은 말뜻 그대로의 漢字廢止, 다시 말해 漢字語 몰아내기였다. 周時經은 그의 '국문론'에서 이르기를 ; 옥편(辭典을 가리킴)을 꾸밀 때에 우리 固有語와 다름없이 된

漢字語는 '문, 음식, 산, 강'처럼 그 音으로 써 놓아도 되겠지만 우리말로 익지 않은 漢字語를 漢字의 音으로 써 놓으면

> "단지 한문(※漢字)을 몰으ᄂᆞᆫ 사ᄅᆞᆷ들ᄆᆞᆫ 아지 못할 쓘만 아니라 한문을 아ᄂᆞᆫ 사ᄅᆞᆷ일지라도 한문의 음만 취ᄒᆞ야 써셔 노은 고로 흔히 열ᄌᆞ면은 일곱이나 여ᄃᆞᆲ은 몰으나니 ᄎᆞ아리 한문글ᄌᆞ로나 쓸것 ᄀᆞᆺᄒᆞ면 한문을 아ᄂᆞᆫ 사ᄅᆞᆷ들이나 시원이 뜻을 알것이라. 그러나 한문을 몰으ᄂᆞᆫ 사ᄅᆞᆷ에게ᄂᆞᆫ 엇지ᄒᆞ리요. 이런즉 불가불 한문글ᄌᆞ의 음이 죠션말이 되지 아니ᄒᆞᆫ 것은 쓰지 말아야 옳을 것이요."1)

라 하여, 우리말로 아주 익어 固有語와 거의 다름없이 된 漢字語는 한글로 쓰더라도 그렇지 못한 漢字語는 우리말로 생각지 말고 쓰지 않거나 쓰려면 漢字로 적어야 될 것이라 하고 있는 것이다. 그는 실지로 스스로 이 말대로 실천하여 그의 著《말의 소리》는 純 한글로 쓰되 純粹한 固有語로만 문장을 이루고 있다. 이를테면

> "소리의 빛　그 소리가 나는 몸의 바탕을 따르어 서로 다름이니라."
>
> "닷소리의 거듭하는 일　닷소리는 석이어 거듭함과 덧하여 거듭함과 짝하여 거듭함의 세 가지가 잇나니라."
>
> "닷소리의 첫과 긋의 다름　닷소리에 첫으로 남과 긋으로 남이 다름이 잇으니 첫으로는 저의 소리대로 나되 긋으로는 서로 한 가지가 되거나 들어나지 못함이 잇나니라."

---

1) 金敏洙編(1992), 《周時經全書》(塔出版社). p.18. '주상호' 〈국문론〉, 本來 독립신문 1897, 제2권 제47호, 제48호, 제2권 제114호, 제115호에 揭載되었었음.

이같이 漢字語는 통 안 쓰고 글을 쓰려니 어린아이의 말씨로 學問을 論하는 것 같아서 군색하기 그지없는데, 그러더라도 우리는 周時經이 學者的 良心을 가진 사람이라는 것은 이것으로 짐작할 수 있다. 言行이 一致하기 때문이다.

본래 애초에 한글專用을 주장한 사람들은 이같이 漢字廢止(따라서 漢字語廢止)가 진정한 목표였다.[2] 그러나 이 素朴한 이론에 따른다면 國語語彙의 70%나 되는 漢字語를 우리말 아닌 것으로 보아 못 쓰게 하는 것이 되고 그렇지 않다면 몰아낸 漢字語에 대신하는 純粹한 우리말을 만들어 내어야 한다. 果然 1945年 光復後 한글專用運動의 初期에는 ; 胃-밥통, 事物-일몬, 資格-감목, 算數-셈본, 三角形-세모꼴, 紫外線-넘보라살 式의 새말 만들기를 하였다. 한글專用論者들은 수많은 이러한 이른바 '愛國愛族語', '主體意識語'를 만들어 내었고 또 문교부를 통해 몇 차례 '말 바꿔 쓰기 語彙表'(漢字語를 純粹固有語로 바꿔 쓰기 할 말을 들어 보인 表)를 내어 놓았지만[3] 그 중에서 실제로 사회에 定着되어 쓰이게 된 것은 거의 없었다.

이리하여 이윽고 한글專用論者들은 漢字語를 純粹固有語로 갈아치운다는 것은 실제로 불가능하다는 것을 깨닫게 되었다. 여기에서 그들 漢字廢止論者들은 '한글專用論者'로 탈바꿈하였다. 이 漢字廢止論에서 한글專用論으로의 方向轉換 — 이러한 理論上의 方向轉換이 있었더라도 그 歸結, 곧 文面上으로 나타나는 것은 漢字를 안 쓰고 한글만으로 쓰고 있다는 점에서 달라진 바가 없어 사람들은 그런 事實을 알아차리지 못하지만, 그 內容이

2) 朴定緖(1968),《國語의 將來와 漢字의 再認識》, 壯文社, pp.41-52.
3) 閔丙俊(1983),〈解放以後 文字政策硏究〉仁荷大學校 大學院 碩士論文, p.19.

딴판의 것인 漢字廢止와 한글專用을 하나의 것으로 함으로써 거기에서 한 커다란 속임수가 이루어졌던 것이다. 國語에서 漢字語를 없애고 純粹固有語만으로 글을 쓴다는 漢字廢止論은 실제로는 實現 不可能한 퍽 素朴한 생각이지만 그러나 그 理論에는 거짓이나 속임수는 없었다. 그러나 漢字語는 그대로 쓰면서 그것을 漢字로 적지 않고 한글로 적자는 한글專用論은 眞理를 논의하는 자리에서는 허용될 수 없는 속임수를 弄하고 있는 것이다. 한글專用論者들은 초기의 漢字廢止論者들이 문제의 中心으로 삼고 있던 漢字語의 處理 문제에 正面으로 맞서기보다 이를 回避하고 거짓 카드를 내밀어 사람들 눈을 속이는 쪽을 택한 것이다. 그리하여 本來의 理論에서 轉向한 것이다.

한글專用論의 詐欺性을 具體的인 예를 들어 말해 보자; 漢字는 세계의 文字 가운데서도 독특한 文字로서 그것은 글자이면서 한편 한 單語 乃至 한 形態素이다. 이를테면 '父'는 '아버지'라는 뜻의 말, '母'는 '어머니'라는 뜻을 말을 가리킨다(父=아버지, 母=어머니). 그리하여 '父母'는 '아버지와 어머니' 곧 '어버이'라는 뜻의 말이 된다. 그러나 父를 한글로 '부'로 적고 母를 한글로 '모'로 적으면 이것은 결코 父와 母를 적은 것이 되지 못한다(부≠아버지, 모≠어머니). 왜냐하면 '부'나 '모'에는 아버지나 어머니의 뜻이 나타날 수 없기 때문이다. 가령 '詐欺'를 적기 위해 '사기'라 表記했다고 하자. 그러나 이것은 '詐欺'라는 말을 적은 것이 아니다. '사기'는 '士氣, 史記, 死期, 沙器' 등 숱한 말의 音이 될 수 있어 '사기'라 적어서는 이 많은 '사기' 音의 漢字語 가운데서 어떤 것을 가리킨 것인지 알 수 없는 것이다.

이른바 同音異義語 문제인데, 이것은 本質的으로 同音異義語가 아닌 漢字語 한글表記의 경우에도 다를 바가 없다. 다만 '사기'가 '詐欺'를 가리킴이 아닐 뿐 아니라 '사기'는 '士氣, 史記, 死期, 沙器' 등 單語의 語音도 될 수 있어 '사기'가 아무것도 가리킨 것이 아니라는 것이 더 뚜렷이 나타난다는 것이 다를 뿐이다. 어떤 한글專用論者는 이런 同音異義語의 경우 (사실은 同音異義語만이 아니라 모든 漢字語의 한글 적기에 있어서 한가지이지만) 文脈으로 그 말을 분간할 수 있다고 하는데[4] 文脈에 기대어야 무슨 말을 적은 것인지 알 수 있는 表記라면 그것은 敢히 表記라고 할 수 없는 것이겠다. 漢字로 '詐欺'라 적으면 '꾀로 남을 속이는 것'이라는 뜻의 말이 틀림없이 가리켜질 수 있는데 이것을 공연히 '사기'라 적어 결국 아무것도 表記한 것이 안 되게 되는 것이다. 옳은 길이 바로 앞에 있는데 한글專用論者는 길도 아닌 이상한 데로 온 국민을 끌고 들어가 골탕을 먹이려 하니 심사가 참으로 고약하다.

한글專用은 言語科學에서도 가장 基本的인 원리를 짓밟고 있다. 言語學에 조금이라도 素養이 있다면 뜻을 가진 單語나 形態素를 그들의 겉옷에 지나지 않는 音과 혼동한다는 것은 달을 해라고 혼동하는 것처럼 허용될 수 없는 무식이라는 것을 잘 알 것이다. 英語나 佛語를 表記할 경우라면 單語나 形態素의 音形을 적는다는 것도 허용될 수 있다고 할 수 있다. 원칙적으로 이들 언어의 表記法은 적으려는 말의 音形을 적는 것이기 때문이다. 그러나 漢字語의 경우가 되면 얘기가 다르다. 漢字語를 이루고 있는 漢字는 바로 뜻을 가진 單語이기 때문이다.

그러면 한글專用의 本質은 대체 무엇인가. 그것은 결국 漢字의 讀音을 적은 것에 지나지 않는다. 漢字를 공부할 때 그 漢字의 音이 무엇인지를 가리키기 위해 讀音을 단다. '詐'의 讀音, '社'의 讀音, '士'의 讀音이 무엇이냐

4) 허웅(1970), 〈현대국어의 동형어에 대한 연구〉, 한글 145호, pp.5-44.

할 때 '사'라고 하는 따위다. 또는 '欺, 旗, 氣'의 讀音이 무엇이냐 할 때 '기'라고 답하는 따위다. 그러니 '기'라는 讀音이 存在理由를 가지는 것은 그 音을 가진 漢字가 前提되어 있기 때문이다. 이를테면 '欺'의 讀音일 때만 '기'는 價値를 가지는 것이다. 讀音이 아닐 때의 '기'는 아무런 價値도 없고 아무것도 表記한 것이 못 된다. 李相殷 監修 《漢韓大字典》의 끝에 실린 '字音索引'을 보면 '각' 音을 가진 漢字는 53가지나 된다. 「각」이라 적어 놓고 나서 내가 적은 '각'이 53가지나 되는 '각'의 漢字 中 어떤 漢字를 적은 것이냐 알아내라고 하는 한글專用論者들의 수작은 한국인이 다 점쟁이가 되기를 바라는 것이나 다름없다.

위에서 한글專用은 讀音 적기에 지나지 않기 때문에 漢字를 前提해서야 성립될 수 있다고 하였는데, 이것은 한글專用論이 결코 漢字廢止가 아니라는 것, 漢字나 漢字語는 그대로 뒤에 숨겨두고 다만 그 音만 적어 漢字가 廢止된 것처럼 보인 것에 지나지 않다는 것을 뜻하는 것이다. 表記란 表記되는 言語의 有意味的 基本單位 – 單語나 토 – 를 視覺的으로 認識할 수 있도록 적어 주는 것이다. 한글專用은 有意味的 基本單位가 아니라 意味도 없는 音을 적은 것일 뿐이다. 이런 까닭에 한글專用表記란 도저히 表記法이라는 이름에 값할 수 없는 것이다.

以上 보아온 바와 같이 漢字語를 한글로 적는다는 것은 本質的으로 許容될 수 없는 일이다. 그런데 한글專用論者는 미련하여 이렇게 설 자리를 모두 잃어버리고 나서도 기어이 자기들 생각에 執着하여 마지막으로 다음과 같은 꾀를 내어놓는다. 漢字語를 漢字語로 생각지 말고 外來語라고 생각하면 되는 것이 아니냐, 이를테면 英語의 television을 들여와 쓸 때 우리가 그 淵源

곧 語原을 생각하면서 썼더냐, 그 音形을 따라 ‘테레비존’으로 말하다가 뒤에는 줄여서 ‘테레비’로 부르고 있지 않느냐 한다. 다시 말하면 어떤 漢字語를 적을 때 그 淵源 곧 그 漢字語를 이룬 漢字는 버려버리고 그 漢字語 全一體 곧 漢字語의 音形을 하나의 單位의 말로서 받아들일 것이라는 것이다. 그러나 이 꾀도 조금만 따져보면 곧 馬脚을 드러내고 만다. 그들이 말하는 것은 이를테면 ‘獨立門, 協力, 人間, 鐵道’라는 漢字語를 적을 때 그 構成漢字는 捨象하고 이들 單語의 全一體로서의 音形으로서 받아들이고 또 적으면 된다는 것이다. 그런데 위 漢字語들을 만약 ‘독립문, 협력, 인간, 철도’로 적으려 한다면 그것은 그들이 말하는 趣旨와는 다른 것이 된다. ‘독립문, 협력, 인간, 철도’ 등은 어디까지나 漢字의 讀音을 적은 것이지 한 漢字語 全一體로서 한 外來語로 받아들이고 그 外來語를 적은 것이 아니기 때문이다. 한글專用論者들의 趣旨대로 위 漢字語를 적는다면 ‘동님문, 혐녁, 잉간, 철또’처럼 적어야 옳다. 이들 漢字語의 構成漢字는 이미 없고 오로지 그 單語 全一體의 音形만이 남아 있기 때문이다. 이런 희한한 表記를 받아들이면서까지 우리가 굳이 한글專用을 받아들여야 할 까닭이 果然 있는 것인가.

요컨대 國語漢字語를 한글로 ‘表記’한다는 것은 성립될 수 없는 생각이다. 초기의 漢字廢止論의 경우는 너무 素朴하기 때문에 성립될 수 없지만 뒤의 한글專用의 경우는 論理上의 잘못과 속임수로 인해서 성립될 수 없는 것이다. 이런 속임수와 誤謬 위에 전개된 한글專用을 한 나라의 正書法으로 가지려 한다면 그 국민은 불행하기도 하려니와 미련하다 해야 할 것이다.

한글學者의 잘못된 한글 認識이 빚은 한글專用論

1

한글學者들은 '한글'의 性質, 類型을 指摘하여 音韻文字(또는 單音文字)라 한다. 알파벳도 音韻文字이니 A B C D 따위와 ㄱ ㄴ ㄷ ㄹ ㅏ ㅑ ㅓ ㅕ 따위는 한 가지 範疇에 드는 것이라는 것이다. 알파벳을 音韻文字라 하는 것은 옳은 얘기지만 그러나 한글을 音韻文字라 하는 그들의 말은 옳지가 않다. 한글은 결코 알파벳과 같은 類型의 文字가 아니며 같은 性質의 文字가 아닌 것이다.

한글學者들의 見解는 이들 文字의 겉 面만을 보고 내린 것인데 겉 面만 보고서는 둘의 差異가 드러날 수 없다. 그 機能面으로 눈을 돌릴 때 비로소 둘의 差異가 나타날 수 있는 것이다. 그래서 다음에 알파벳과 한글의 機能을 살펴보기로 하자. 文字의 機能은 말, 한 言語의 單語를 表記한다는 데에 있다. 어떤 言語表現을 文字로 나타낸다는 것은 그 言語表現을 이루고 있는 單語들을 文字로써 表記하고 그 單語들의 表記를 통해 그 言語表現이 表示되는 것이다.

그러면 英語 알파벳으로 英語의 單語 몇 개를 적어보자. sky, boy, people, run, make, ate. 이와 같이 알파벳은 英語單語를 적는다는 機能을 이루고 있으며 따라서 그것은 文字임에 틀림없다. 그렇다면 한글의 경우는 어떤가. 지금 '아이, 바다, 먹는다, 달렸다' 등의 單語를 한글로써 적어보려고 한다.

그러나 한글 字母로써는 이들 單語를 적을 수가 없다. 'ㅏ ㅣ, ㅂ ㅏ ㄷ ㅏ, ㅁ ㅓ ㄱ ㄴ ㅡ ㄴ ㄷ ㅏ, ㄷ ㅏ ㄹ ㄹ ㅕ ㅆ ㄷ ㅏ' 이렇게 밖에 적을 수 없는데, 이를테면 '바다'를 가지고 말해 본다면 〈바다〉는 틀림없이 '바다'라는 單語를 적은 것이지만 'ㅂㅏㄷㅏ'는 이 單語를 적은 것이 아니고 네 개의 音을 적은 것에 지나지 않는다. 요컨대 'ㅂㅏㄷㅏ, ㅏ ㅣ' 등은 文字가 될 수 없으며 이들은 오로지 말의 音을 적는 符號의 羅列일 뿐이다. 그러기에 訓民正音에서는 이들을 '聲'이니 '音'이라 불렀고, 한글이 表音文字가 되려면 이들이 初·中·終聲으로 結合되어야 한다[凡字必合而成音(訓民正音 例義篇)]고 이르고 있다. 다만 때로는 終聲이 안 갖추어진 것도 하나의 文字를 이룰 경우가 있고(바, 다, 노, 래) 또는 初聲이 없는 경우도 있기는 하다(아, 이, 엿, 울). 한글은 이같이 初·中·終聲으로 結合되어서야 비로소 文字로서의 구실을 할 수 있는 것이다. ㄱ, ㄴ, ㄷ 등은 그보다 한 次元 아래의 音의 符號일 따름이다. 그러기 때문에 알파벳 a, b, c 등과 같은 系列에 설 수 있는 것은 '가, 나, 달, 밭' 같은 것이지 'ㄱ, ㄴ, ㄷ, ㅏ, ㅓ, ㅗ' 따위가 아니다.

그러나 우리가 文字를 論하는 자리에서 韓國語를 적는 文字라면 역시 'ㄱ, ㄴ, ㄷ, ㅏ, ㅓ, ㅗ' 등을 들어야 하기 때문에 한글을 紹介하면서 이것은 單純한 音聲일 뿐이라고 하는 것도 困難한 이야기이다. 그래서 굳이 이들에 文字의 이름을 주기 위해서 한글을 '要素文字'라 이름한 學者가 있다(河野六郎(1994) 「文字論」, 三省堂, 東京. p.131). 文字라는 이름을 주었지만 그 뜻인즉 '文字를 이루는 要素'라는 것이다. 한글은 表音文字라 하는데, 表音文字는 言語音을 直接的으로 表示한다. 그래서 /a/라는 소리를 위해서 'a'의 文字, /p/라는 소리를 위해서 'p'라는 文字가 만들어지는 것이다. 되풀이하건대 한글은 그 自體로서 言語를 表象하는 것이 아니고 言語音을 分析하여 얻은 音의 元素的 要素를 나타내는 것이다. 그리고 그 要素를 初中終聲式으로 結合해서야 비로소 言語音을 적는 文字의 資格을 얻게 된다. 한글은 世界文字 가운데서도 퍽 特異한 文字임을 알 수 있다. 그것은 言語를 이루는 音과 對應하는 것이 아니라 言語의 音을 人工的으로 分析한 二次的인 音과 對應하는 것으로서, 그야말로 한글은 만들어진(人工的인, 創製된) 文字이다.

2

'ㄱ, ㄴ, ㄷ, ㅏ, ㅓ, ㅗ' 등을 文字로 認識하기는 아마 周時經 등 처음으로 西洋의 文字 알파벳을 對했던 사람들로부터 시작된 것이 아닐까 생각한다. 그들은 勿論 《訓民正音解例》의 解說을 읽어보지 못했었고, 또 訓民正音創製의 原理에 대한 窮理도 별로 해 본 일이 없다. 그들의 文字知識이란 當時 들어오기 시작했던 草昧段階의 文字論에서 文字를 表意文字와 表音文字로 가르고, 表音文字를 다시 音節文字와 音韻文字로 가른다는 知識程度였다. 이 知識에 바탕하여 알파벳과 한글은 한가지로 音韻文字에 屬한다고 理解하고 한글이 저 文明된 西洋 여러 나라에서 쓰는 文字와 같은 類型의 音韻文字에 드는 것을 매우 자랑스럽게 생각했던 것이다.

한글專用論者들은 이 知識을 한글專用論을 세우는 根據의 한 가지로 動員하였다. 西洋사람들의 正書法을 보건대 그들은 알파벳 한 가지만을 가지고 글을 적고 있다. 거기에는 우리글의 경우에 보는 漢字 같은 異樣, 異質의 文字는 섞여 있지 않다. 그리고 그 文字法이 優秀한 것이리라는 것은 그들 西洋 여러 나라의 文化와 勢力이 저같이 興盛한 것이 明白한 證明이 아니겠는가. 알파벳도 音韻文字요 우리 한글도 音韻文字이니 우리의 國文表記는 마땅히 西洋 여러 나라 것과 같이 한글 한 가지만으로 할 것이다. 한글專用論者들의 한글專用의 主된 論理의 하나가 이런 것이었다.

그러나 어찌 하리오. 한글은 알파벳과 같은 類型, 性質의 文字가 아니요 둘은 한 가지 範疇에 넣을 수 있는 것이 아닌 것이다. 그러니 한글專用論者의 이 根據는 애초부터 잘못되어 있고 따라서 한글專用論도 잘못되어 있다고 해야 되는 것이다. 이제 具體的인 文章의 例를 가지고 한글과 알파벳이 判異함을 確認해 보기로 하자.

The dancer finished her dance and began to sing. She had a sweet voice, but it wasn't very strong.

"Louder!", screamed the soldiers. "Sing louder!" The woman tried, but she couldn't. The soldiers began to laugh at her, and the woman stopped singing and started to cry.

Her five-year-old son stood a few meters from her. He wanted to help his mother, but he didn't know how. Suddenly a thought came to him. He jumped up beside her on the stage and called out: "I'll sing for you!"

동물은 완벽한 소비자입니다. 그 중에서도 최대의 소비자가 바로 사람입니다. 사람들의 생산이란 고작 식물들이 만들어 놓은 것이나 땅 속에 묻힌 것을 파내어 소비하는 것에 지나지 않습니다. 쌀로 밥을 짓는 일을 두고 밥의 생산이라 할 수 없는 것이나 마찬가지입니다. 생산의 주체가 아니라 소비의 주체이며 급기야는 소비의 객체로 전락되고 있는 것이 바로 사람입니다.

英文의 보기와 國文의 보기를 들었는데 英文은 알파벳을 가지고 쓰였고 國文은 한글로써 쓰였다. 언뜻 英文과 國文과의 文字法에는 아무런 다름이 없다고 생각할 것이다. 그러나 자세히 들여다보면 둘은 엄청난 差異가 있다. 위의 英文은 척 보면 여러분들의 눈에는 英語單語의 羅列이 들어올 것이다. 알파벳들은 英語單語라는 單位를 적고 있는 것이다. 한 單語는 하나의 個體이기 때문에 單語마다의 個體가 드러나도록 單語마다 사이에 空白을 두고 있다. 그러면 國文의 경우도 單語를 적고 있는가. 그렇지 않다. 한글(ㄱ, ㄴ, ㄷ, ㅏ, ㅓ, ㅗ …) 등은 音節을 이루는 要素를 表示하고 있을 뿐이다. 單語는 二次的으로 이들 音節에 의해서 表示된다. 音節도 하나의 個體요 單位이기 때문에 한글의 글은 音節마다가 분간되도록 적어져야 할 것이나 音節마다 띄어 써 봤자 效果가 없으니 音節들은 이어 써진다. 이를테면 '동물은완벽한 소비자입니다.' 그런데 事實은 이 表記는 위 趣旨대로 적은 것이 아니다. 한글은 어디까지나 音節을 적는 것이므로 위 句節은 "동무른완벽칸소비자임니다"로 적어야 할 것이다.

그렇다면 한글로 國文을 적는다는 것은 알파벳으로 英文을 적는다는 節次에다가 몇 가지 表記上의 操作이 더 加해지고 있다는 것을 알 수 있다. 곧 音節을 그대로 적지 말고 單語를 분간하여 그 單語의 모습을 적어 주도록 하고, 그리고 單語마다를 띄어서 單語 사이의 境界가 드러나도록 적어야 한다. 한편 國語에는 單語로서 自立할 수 없는 것이 있는데 – 用言의 語幹과 語尾라든가 體言 등에 붙는 助辭라든가 – 이런 것들은 서로 붙여서 적도록 한다(꽃 이 → 꽃이, 찾 았 다 → 찾았다).

以上 본 바와 같이 한글로 國文을 적으려면 單語를 '분간하여' 그들을 띄어 쓴다든가, 單語나 토, 語幹, 語尾 등을 認識하여 그들을 저마다 분간되도록 적어 준다든가, 自立할 수 없는 單位들은 앞말에 붙여서 적는다든가, 英語를

알파벳으로 적을 때에는 問題가 안 되는 여러 가지 正書法들의 規定에 따라서 적도록 해야 하는 것이다. 이런 差異는 어디에서 말미암는 것인가. 앞에서 言及하였듯이 알파벳은 單語를 적는 文字이지만 한글은 單語를 적는 文字가 아니라 그 文字를 이루는 表音符號에 지나지 않기 때문이다. 우리는 이제까지 이런 事實 — 알파벳과 한글은 결코 같은 性質, 같은 類型의 文字가 아니라는 것을 잘 認識 못하고 있었던 것인데, 이러한 한글에 대한 認識不足, 잘못된 한글 認識은 지난날의 한글學者들의 잘못된 理解가 一般化된 것임에 다름없다.

3

우리는 앞에서 한글專用論 같은 잘못된 생각이 形成된 데에는 한글學者들의 한글에 대한 잘못된 認識이 그 根據의 하나를 이루고 있다고 하였다. 위의 論述로 어느 만큼 한글이라는 文字의 性質을 把握하게 되었으므로 그러한 認識을 바탕으로 한글專用 — 國語文章語를 한글로만 적는다는 것이 옳지 않은 생각이라는 것을 論議하여 보기로 한다.

한글專用이 나쁘다는 것은 한글專用文이 文章語로서의 機能을 제대로 못한다는 데에 있다. 文章語는 우선 읽혀짐으로써 그 機能을 이룬다. 그러면 文章을 읽는다는 것은 어떤 것인가. 勿論 그 글 안에 담겨 있는 內容을 알기 위해서이거니와 그 文章 속에 담겨 있는 內容을 알기 위해서는 우선 그 文章을 이루고 있는 單語들을 把握하여야 한다. 單語는 意味를 가지고 있는 單位이다. 實際로 글을 읽을 때는 이 單語들은 一定한 文脈 속에 있으므로 그 文脈에 따라 그 單語의 意味가 特定되며, 한편 單語들의 連結로 된 文에는

文法이 作用하고 있기 때문에 把握된 單語의 意味에 文 속에 包含된 文法의 意味를 곁들여서 文章의 意味內容을 把握한다는 모양으로 글을 읽어 가는 것이다. 그러므로 글을 읽는 데 있어서는 무엇보다도 單語의 認識과 把握이 基本前提가 된다. 文章을 읽는다는 것의 內容은 이와 같거니와 한글專用文은 單語 認識의 效率性이 대단히 낮으므로 그 점에서 그것은 훌륭한 國語文章語 될 資格이 本質的으로 缺如되어 있다. 다음에 論點을 이런 方向으로 옮기기로 한다.

우선 文章語에 要請되는 것은 글을 읽을 때 單語가 쉽게 눈에 들어오도록 해야 되겠다는 것이다. 이것을 視覺性이라는 말로 가리키기로 하자. 앞에 든 英文의 보기에서 보았듯이 英文의 글은 한번 척 보면 單語들이 各其 自己의 個體를 主張하며 그 모습을 直接 드러내어 보이고 있다. 그러니 英文에서의 單語들의 視覺性은 높다고 할 수 있다. 여기서 잠깐 視覺性과 더불어 얘기하여 둘 것은 單語의 視覺性은 單語의 圖形化 또는 이미지(image)化로써 保障된다는 것이다. 英語單語들은 그 綴字形에 의해서 各其 自己 固有의 圖形, 그 image가 있다. 讀書에 訓練된 英語讀者라면 英語의 單語들의 그 이미지로써 그 單語를 把握한다. 결코 그것을 構成하고 있는 알파벳을 읽는 것이 아니다. 그런 뜻에서 알파벳의 綴字는 그 單語의 圖形을 이룬다는 구실을 하고 있다고 할 수 있다. 英語 讀書家들의 讀書法에 browsing이라는 것이 있다. 이것은 羊들이 풀밭에서 맛있는 새잎만을 여기저기 뜯어먹는다는 뜻인데, 책을 읽는 데에 있어서 文面의 모든 單語에다 눈을 주는 것이 아니라 군데군데의 單語를 읽으면서 內容을 把握해 간다는 熟鍊된 讀者의 讀書法을 이른다. 英語單語는 언제나 自己 固有의 圖形的 이미지를 지니고 있기 때문에 讀書에 익숙한 사람은 그 이미지의 把握으로 아주 빠른 速度의 讀書를 할 수 있는 것이다.

그런데 視覺性이 높기로 말할 것 같으면 漢字만한 文字가 없다. 漢字가 視覺性이 높은 것은 말할 것도 없이 漢字 한 字가 곧 單語이기 때문이다. 英語單語도 視覺性이 높다 하나 漢字에 비기면 많이 떨어진다. 英語單語는 그 單語의 길이가 한결같지 않지만 漢字는 언제나 한 글자이다. 英語單語의 圖形을 이루고 있는 것은 26字의 알파벳이기 때문에 그 單語圖形의 構成要素인 알파벳의 모양에 눈이 안 갈 수 없지만 漢字의 경우 劃들은 그 漢字를 이루기 위해서의 것이기 때문에 漢字는 그 한 글자로서 自己 固有의 圖形 이미지를 갖는 것이다. 그래서 한 實驗에 의하면 讀書에서 漢字 한 字를 把握하는 데 드는 時間은 0.003秒라 한다(海保博之編(1984) 《漢字を科學する》, 有斐閣, 東京, p.41). 일찍이 言語, 文字에 대한 知識, 認識이 낮았던 때에는 漢字는 古代文字이며, 近代에는 도저히 容納 못 될 文字라는 등등의 낮은 評價를 받았지만 오늘날 發達된 文字學에서는 漢字는 世界 文字들 가운데서도 가장 效率的이고 近代的인 文字라는 새로운 評價를 받고 있다. 漢字는 視覺性이 높으며 縮約力이 뛰어나며 造語力이 豊富하다는 등 여느 文字들이 도저히 갖지 못하는 많은 長點을 지니고 있다.

4

앞서의 論議에서 밝혀졌듯이 한글은 音節을 적을 수 있을 뿐 알파벳처럼 單語를 적을 수 있는 文字가 되지 못한다. 이 點이 알파벳과 決定的으로 다른 점이며, 알파벳을 쓰는 言語들의 文字法, 表記法을 우리 한글이 따를 수 없는 理由이기도 하다. 한글은 音節을 적기 때문에 한글專用文의 文面을 척 보고 받는 우리의 印象은 이들 音節文字들의 連鎖일 뿐이다. 英文의 경우 文面을 척 보아 눈에 들어오는 것은 單語들의 連鎖이지만 한글專用文의 경우는 오직 文字(音節文字)의 連鎖일 뿐, 거기에 單語는 보이지 않는다. 英語처럼 單語의 圖形을 이루지 못하는 것은 우리말의 構造的 特性 때문이기도 하다. 우리말은 單語 밖에 토라는 것이 있다. 또 用言의 경우는 語基(語幹)와 토(語尾)가 따로 自立되지 못한다. 또 토 또는 語尾는 하나만이 아니라 여러 개가 語基 뒤에 添加될 수 있다. 이를테면 '학교'는, '학교까지만, 학교에서나, 학교로도, 학교마다에서…' 등등, 또는 用言의 경우는 '찾아서, 찾으시는데, 찾았었으나, 찾겠습니까…' 등등 多樣한 모습을 보인다. 그래서 英語에서처럼 언제나 固定된 形態를 지니는 單語의 圖形 이미지가 形成될 수 없다. 그러니 結論은 다음과 같이 내려질 수밖에 없다 : "國語文章語를 읽을 때에는 한 글자, 한 글자씩 뜯어 읽지 않으면 안 된다." 單語의 圖形的 이미지를 잡아가면서 달려가는 英文讀者와 한 글자 한 글자 차례대로 훑어가야 하는 거북이걸음의 國文讀者와의 差異는, 文章이라는 것이 萬人의 것이며 긴 歲月의 것이라는 條件을 더해 생각한다면 우리는 國語表記에서 이미 西洋人과 相對가 되지 않는다고 해야 할 것이다. 더욱이 한글이라는 文字는 合成되어 쓰이는 文字이며 또 한글 各字의 분간이 點 하나, 劃線의 方向 하나에 依存하고 있고 보니(ㅏ : ㅓ, ㅗ : ㅛ, ㅡ : ㅜ, ㄱ : ㄴ, ㅁ : ㅂ, ㅅ : ㅈ…) 그 音節로 結合된 글자 하나를 把握하는 데에도 여간한 품이 들지 않는다. 이런 點에서는 글자마다가 제 固有의 字形을 지니고 있는 日本 가나文字보다도 훨씬 非效率的이다.

한글學者들이 가지고 있는 文字(漢字, 한글)에 대한 知識은 하나같이 잘못되고 그릇된 것이다. 그들이 말하는 것은 거꾸로 잡아 보는 것이 오히려 眞理에 가까운 것이 된다. 그들은 한글과 알파벳을 같은 性質, 같은 類型의 文字, 곧 音韻文字라 하면서 西洋 여러 나라의 文字法에 따라 우리 國語文章語도 한글만으로 쓰도록 하는 것이 近代的이며 훌륭한 文字法이라고 생각하였다. 그러나 이제까지의 論述에서 보았듯이 그런 見解는 根本的으로 잘못된 것이며 한글專用의 表記法은 아마 世界에서도 가장 非效率的이고 못난 文字法일 것이다. 우리는 文字法이라는 側面에 있어서도 한글專用에 의해서 대단히 큰 弊害를 입고 있는 것이다.

한글專用의 表記法은 讀書의 效率性이 퍽 떨어지는 신통치 못한 것이라는 것을 確實히 認識하였는데, 이 事實을 보는 데에 좋은 資料가 마침 생각난다. 大韓航空(KAL) 飛行機를 타면 앞에 있는 座席의 뒷주머니에는 이 航空社에서 내는 雜誌가 들어 있다. 이 雜誌에는 英文, 國文(한글專用文), 日本文 등으로 쓰인 記事가 실려 있다. 그래서 이 세 國語의 文字法을 견주어 볼 수 있다. 英文의 페이지를 열면 앞에 말한 듯이 單語들의 羅列이 눈에 들어온다. 그러니 읽기도 좋고 文面도 그런대로 아름답다. 다음 한글文의 페이지를 펴면 앞서의 論述에 의하여 짐작되듯이 척 봐서 눈에 들어온다는 것은 글자들(音節單位)의 오물오물한 羅列들이며, 바로 讀書로 들어갈 單位가 잡히지 않는다. 글자들의 雜然한 羅列만 보이니 보기에도 아름답다는 느낌과 距離가 멀며 읽어보도록 끌어당기는 힘은 전혀 없다. 다음으로 또 한 가지 日文의 페이지를 연다. 그런데 이것은 참으로 興味津津한 感興을 준다. 말을 펴기에 앞서 日本語 表記法에 대해서 잠깐 알아보자. 그것은 日本文字 '가나(히라가나)'와 漢字로써 적히고 있다. 그리고 우리글처럼 띄어쓰기를 하지 않는다. 그런데 이 日本文 페이지의 文面이 주는 美感은 曲線的인 히라가나와 直線的인 漢字와의 調和에 의해서 英文의 그것보다 오히려 나은 것 같다. 그리고 意味 없는 한글의 羅列들만이 주는 國文페이지와 달리 이 日文페이지는 읽고 싶은 마음을 불러일으키는 強한 誘引力이 있다. 그리고 日文은 참 읽기가 좋다. 나의 日文의 文字法에 대한 이런 直感은 결코 主觀的인 것이 아니다. 오늘날 文字論에서 日本語의 表記法은 가장 效率的이고 優秀한 것으로 評價받고 있는 것이다. 이것은 도대체 어디에서 말미암은 것일까. 그것은 짐작되듯이 表音文字 '가나'와 視覺性이 높고 한 글자가 곧 한 單語인 漢字와의 아름다운 調和가 빚어내고 있는 것이다. 앞에서 英文의 讀書家가 browsing의 讀書法을 한다 했지만 日本文의 讀書家들도 한 文面을 띄엄띄엄 읽고 다음 장으로 넘어가거나 더 나아가서는 文面을 한번 쓱 훑고는 다음 장을 넘기기도 한다. 이런 讀書의 效率性을 높여 주는 것은 말할 것도 없이 '가나' 속에 섞여 있는 漢字의 視覺性, 그리고 이 長點을 더 얻기 위하여 日本固有語의 單語나 語基를 漢字로 적는 이른바 訓讀法 덕택이다. 오늘날 日本人의 讀書率은 世界에서도 으뜸을 가거니와 그 큰 原因이 오늘날 日本의 훌륭한 文字法에 있음은 틀림없는 일이다. 萬若 日本사람들이 우리들처럼 漢字廢止, 가나專用文을 그들의 文章語로 삼는다면 그 한 가지 理由에 의해서 日本은 滅亡하고 말 것이다.

우리는 한글專用이 얼마나 나쁜, 얼마나 우리에게 弊害를 많이 주고 있는 措置인가를 깨달아야 한다. 한글專用文으로는 결코 效率的이고 近代的이고 아름다운 文字法을 이룰 수가 없다. 그러나 日本語 文字法을 볼 때 우리도 아름답고 效率的이고 近代的인 文字法을 가질 可能性에 希望을 가지게 된다. 한글專用을 廢止하고 漢字語漢字表記法을 우리의 表記法으로 擇하면 뜻하는 바는 이루어지는 것이다. 이때 한마디 덧붙여 둘 것은 漢字語는 반드시 漢字로 적도록 할 것이다. 漢字가 많을수록 보다 效率的이고 近代的인 文字法이 될 수 있기 때문이다. 漢字가 가진 文字로서의 長點을 百퍼센트 利用토록 하는 것이다.

「국어기본법」의 「어문규범」에 대하여

1

文化公報部에서 上程한 「국어기본법」案이 2005年 1月 27日 閣議決裁를 거쳐 法律 第7368號로 公告되었다. 國記를 表記함에 있어서는 이 「국어기본법」에 따라 할 것을 規定한 것이다. 그런데 이 「국어기본법」이란, 살펴보면 別것이 아니라 日帝下 「朝鮮語學會」에서 發表한 「한글맞춤법통일안」과 그에 딸린 몇 가지 業績들, 그리고 1945年 光復과 함께 一部 한글學者들에 의하여 提唱되고 推進되어온 한글專用表記 등을 한데 모아 놓은 것일 뿐이다. 그러므로 이 法은 한글학회(朝鮮語學會의 後身)가 中心이 되어 그 普及에 힘써 온 한글專用과 그 先輩들이 이룩한 言文修理事業의 結果들을 法律로서 굳혀 놓은 것에 다름없다고 할 수 있다.

다만 「국어기본법」의 內容이 朝鮮語學會나 한글학회에서 이룩한 業績 그대로를 모아 놓은 것은 아니고 一定한 改正과 補充을 더하여 보다 가다듬어 놓은 것이기는 하다. 그러면 어떤 改正과 補充이 있었는지 다음에 살펴보기로 한다.

한글학회에서는 1980年 8月에 한글학회가 새로 改定한 「한글맞춤법」을 내어놓았다. 約 半世紀 동안 表記 規範으로 삼아온 통일안 맞춤법이 그동안 發達된 言語學的 理論에 비추어볼 때 缺陷이 있으므로 全面的으로 改編할 必要가 있다는 理由에서였다. 한편 이를 前後하여 여기저기서 통일안 맞춤법의 改革案들이 發表되었다. 여기에다 1967年에 大統領이 國務總理에게 한글專用 및 알기 쉬운 表記法에 관해 檢討하여 보라는 指示 등이 있기도 하여, 文敎部에서는 1972年 8月부터 「國語調査硏究委員會」를 두어 한글 맞춤법·外來語表記法 改定, 標準語 再査定 등 事業을 시작하여 1979年 3月에 그 調査, 硏究 結果를 發表하였다. 「국어기본법」은 文敎部의 이러한 改定, 再査定 및 補充을 더한 것을 한데 엮은 것이다.

다음에 改定, 再査定 및 補充된 것을 좀 더 자세히 보기로 한다. 「국어기본법」은 한글專用의 確定과 「한글맞춤법」, 「외래어표기법」, 「표준말」을 그 內容으로 하는데, 위 文敎部에서 發表된 結果에서, 「한글맞춤법」은 책의 體裁는 새로이 가다듬어졌으나 內容은 1933年에 發表된 통일안 맞춤법과 거의 다름이 없다. 다음, 「외래어표기법」은 1941年에 朝鮮語學會에서 出刊한 「외래어표기법통일안」을 土臺로 하고 文敎部 國語審議會에서 1959年 外來語에 관한 編修資料 1집, 2집, 1960年에 그 3집을 만들었거니와, 이 編修資料 3집의 原則이 흔히 「外來語表記法」이라 불려지는 것으로서 이를테면 國名, 地名의 現地音表記 原則도 이 法에서 決定된 것이다. 여기에 補充 및 修正을 加하기 위해 1978年 文敎部는 「외래어표기법 개정」을 위한 審議委員會를 組織하고, 그 審議結果를 1986年 1月 文敎部 告示로 發表하였다. 이것이 「국어기본법」에 들어있는 「외래어표기법」, 곧 現行 外來語表記法이다. 다음, 「표준말 재사정」은, 朝鮮語學會에서 1936年 10月에 出刊한 「사정한 조선어 표준말 모음」에 光復後로 文敎部 中心으로 補充, 修正을 加해오다가 1977年 9月에 文敎部에서 「국어조사연구위원회」, 「국어심의회」를 두어 本格的으로 改正, 補充 事業을 시작하였고, 1978年 6月에 事業을 마무리하고 그 結果를 1979年에 公布한 것이다. 以上과 같은 「한글맞춤법」, 「외래어표기법」, 「표준어」 등을 「국어기본법」에서는 「어문규범」이라는 이름으로 한데 묶고 있다.

여기서 잠깐 「국어기본법」이라는 名稱은 曖昧模糊할 뿐 아니라 妥當치가 않다는 데에 대해서 論하기로 한다.

甲午更張에서 公用文을 漢文에서 國文으로 갈면서 國語文章語의 形成, 樹立, 國語表記法의 整備 등이 時代的 課題로 提起되었다. 이 가운데서 近代的 國語文章語의 形成, 樹立은 官廳의 公文을 쓰는 사람들, 新聞, 雜誌에 글 쓰는 사람들, 文人들, 그리고 學校敎科書(日政下 「朝鮮語讀本」 등) 등에 의하여 일찌감치 이룩되었다. 한편 國語表記法의 整備는 이 方面에 關心과 知識을 가진 사람들 – 言文修理家들의 손을 기다리지 않으면 안 되었다. 周時經에 의하여 그 方案의 大綱이 構想되었고, 그 뒤로 그의 弟子들이 主動이 되어 이 課業을 繼承하여 마침내 「한글맞춤법통일안」 등 一聯의 成果를 이룩하였다. 周時經, 朝鮮語學會 以來로 言文修理家들이 努力해온 것은 國語文章語를 쓰는 데 있어서의 表記에 관한 規範들, 곧 國語正書法을 整備하는 일이었다. 말하자면 國語文章語를 담는 그릇을 보다 合理的, 效率的, 機能的인 것으로 가다듬는 일이다.

이같은 「國語正書法」을 「국어(國語)」라는 用語로 가리킬 수는 없다. 가리키는 바가 全혀 다른 것이기 때문이다. 「國語」는 「國語正書法」이 담는 本體가 되는 것이다.

이러한 錯誤는 무엇보다도 「국어기본법」을 만든 사람들이 「國語」 그리고 「標準語」에 대한 認識이 모자라기 때문이라 할 수 있다. 標準語나 標準發音法이라는 말에 대해서 一般人은 勿論 심지어 이 名稱을 붙인 사람들도 그

槪念 把握이 퍽 漠然한 것 같다. 다음에 標準語의 槪念에 대해서 살펴보기로 한다. 「標準語(standard language)」라는 用語를 理解하기 위해서는 「共通語(common language)」라는 用語의 槪念을 미리 알아보는 것이 도움이 된다. 한 나라의 言語에는 各 地方에 따른 方言이 있으므로, 全國에 通用되는 言語가 必要하다. 그래서 그들 方言中 가장 그런 要請에 副應할 만한 方言 – 대개는 首都의 말이 候補가 된다. 왜냐하면, 首都에는 政治, 經濟上 등의 理由로 全國的으로 通用되는 言語가 形成되는 것이 보통이기 때문이다 – 을 基礎로 하여 共通語가 形成된다. 近代國家에서는 대개 이 共通語를 가다듬어 國語로 삼는다. 國語는 文化를 받치는 手段이 되고 文字로 옮겨져서 文章語의 基礎가 되어, 統一的으로 公文書, 印刷物, 敎育用語 등으로 널리 쓰인다. 한 方言이 共通語가 되는 過程에서 또한 共通語가 國語로 되는 過程에서, '바르고 좋은 言語'로서의 資格을 갖추도록 다듬어지고 그 나라의 言語의 代表가 되는 權威를 갖추게 된다. 이러한 國語나 公用語를 보통 「標準語」라 하기도 한다. 그런데 「標準語」는 또 달리 文法, 語彙, 音韻의 各 方面에 걸쳐 人爲的으로 强한 規範으로 規定함으로써 이룩되는 理想的인 國語를 이르기도 하는데, 그러나 이런 뜻으로서의 標準語는 現實에 存在하지 않는 心理的 存在일 뿐이다. 그러므로 우리가 普通 標準語라 이르는 것은 國語 乃至 共通語를 가리키는 것이며, 統一된 것이어야 하므로 國家의 權威 있는 機關에서 査定하여 決定하고 國語敎育을 통하여 터득하도록 하는 것이다.

「國語正書法」과 「國語」와는 對應하는 것이나 한 範疇로 묶을 것은 아니다. 그리하여 「標準語」니 「標準發音法」은 「국어기본법」에서 빼서 따로 獨立

시킬 것이며 그와 아울러 「국어」 云云의 混亂스러운 名稱도 치우고 그 가리키는 바가 뚜렷한 「國語正書法」이라는 이름을 다시 찾는 것이 옳다.

2

「국어기본법」에 들어 있는 「어문규범」의 內容을 들어 보이면, ①標準語, ②標準發音法, ③外來語表記法, ④로마字 表記法(이것은 國語表記法과 關係 없으니 除外한다)과 같다. 여기에서 ①②는 앞에서 論한 바에 따라서 빼고 ④는 이 範疇에 들 것이 아니므로 빼고 나면 ③의 外來語表記法이 남는다. 그러나 옳게는 우리가 여기서 다루어야 할 것은 外來語表記法에 그치지 않는다. 「한글맞춤법통일안」을 펴보면 本來의 '맞춤법' 밖에 「外來語表記」, 「띄어쓰기」, 그리고 附錄으로서 「標準語」, 「文章符號」 등의 規範이 들어있다. 「국어기본법」이 不實하여 이들을 그대로 한글맞춤법과 한 데 하고 있는데 「外來語表記」 밖에 「띄어쓰기」, 「文章符號法」, 그리고 여기에 文字列의 方向(곧 내리쓰기냐, 가로쓰기냐)도 國語正書法에서 다루어야 할 것이다. 그래서 以下 「국어기본법」에서의 '外來語表記法', '文章符號法', '文字列의 方向', '띄어쓰기'를 檢討, 批判하기로 하는데, 눈을 主로 이들에 대한 規定을 마련함에 있어서의 觀念, 姿勢, 原則, 그리고 調査不足 등에 대해서 주려 한다.

外來語表記法

우리가 보통 外來語表記를 말할 때, 1) 外國語音 特히 外國 國名, 地名, 人名 등 固有名詞의 音 表記와 2) 主로 西洋諸國에서 새로운 文物이 들어

올 때 그를 가리키는 말을 原語音 모양으로 들여와 國語로서 쓰이는 것, 곧 좁은 뜻으로서의 「外來語」의 表記의 두 가지 경우를 아울러 가리키고 있다. 그러나 이 두 경우는 그 性格이 적잖이 다르므로 따로 갈라서 論議하는 것이 좋다.

우선 1)의 外國語音 表記. 그런데 이 경우의 表記에서 漢字文化圈의 나라나 사람들(韓國, 中國, 日本, 自由中國 등)과 그 以外의 나라들의 경우는 區別해서 다루는 것이 옳다. 漢字文化圈의 固有名詞는 常識的으로 생각해도 漢字로 적어야 마땅할 것이다. 그런데 「국어기본법」에서는 한글專用을 前提로 하므로 中國이나 日本에서 쓰이고 있는 漢字音, 곧 「原音」으로 적도록 하고 있다. 같은 漢字文化圈에 든다 하나 漢字音은 韓國, 中國, 日本 등에서 제 各其 다른데 外來語表記 때문에 中國이나 日本에서의 漢字音을 따로 익히라는 것은 말도 안 될 일이다. 또한 漢字는 대개 한 가지 音에 많은 글자가 屬해 있기 때문에 音만 적어서는 傳達機能이 거의 麻痺된다. 漢字는 本來 字形으로 把握되는 文字이므로 字形을 떠나 그 字音으로 적는다는 것은 根本的으로 잘못된 措置이다. 한글專用者들이 한글專用實施에 의하여 韓國의 地名, 人名 등을 한글로 적도록 하여 우리 國民은 큰 被害를 입고 있는데, 다시 中國, 日本 등의 漢字도 그들의 字音대로 적으라 하니, 이 한 가지만을 보아도 「국어기본법」이 아주 옳지 못한 것이라는 것이 드러난다. 이런 措置는 學校敎育에서 漢字文化圈 나라들에 관한 歷史, 社會, 地理 등 科目을 거의 成立조차 할 수 없는 學科로 만들며, 나아가서 國家, 社會的으로도 中國, 日本과의 交流는 갈수록 密接해지는 마당에 外交, 貿易, 軍事, 交流 등 各 方面에서 莫大한 支障, 損害를 招來한다. 實際에서의 事案의 重大性을 깨우치기 위해 原音主義式 中國地名表記를 몇 가지 들어 보이는데, 이들 地名은 우리가 익히 알고 있는 것이지만 原音表記로는 몇 개나 알 수 있을까?

뤼순, 보하이, 지린, 랴오허, 시짱, 룽징, 펑링이, 하베이, 잉커우, 헤이룽장, 황허, 따오위타이, 쓰촨, 충칭, 구이저우, 둥관, 광저우, 신장, 타이산.

固有名詞表記에서 日本의 경우는 中國과 좀 다르게 다룰 수밖에 없을 것 같다. 이를테면 東京(동경), 大阪(대판), 九州(구주), 北海道(북해도), 伊藤博文(이등박문), 豊臣秀吉(풍신수길), 德川幕府(덕천막부) 등은 當然히 韓國漢字音으로 읽어야 하겠지만 니이카타(新瀉), 요코하마(橫濱), 가루이자와(輕井澤), 고바야시 內閣(小林內閣), 하토야마 유키오(鳩山由紀夫) 首相, 가와바타 야스나리(川端康成) 노벨賞 受賞者 등을 韓國漢字音으로 읽게 하는 것은 穩當치 않을 것 같다. 이것은 日本에 漢字를 傳한 것이 우리 祖上이었으며 日本과는 歷史以來 往來가 잦았고 特히 1910年 庚戌國恥 後로 35年 동안 日本의 支配 아래 있었다는 등 特別한 關係 때문일 것이다. 그렇다고 日本 地名, 人名을 全的으로 日本漢字音으로 적을 수도 없는 일이니, 앞으로 愼重하고 充分한 論議와 檢討가 있어야 할 것이다.

다음은 漢字文化圈 以外의 外國國名, 地名, 人名 表記에 대해서 論議하겠는데, 이 경우도 「국어기본법」은 原音主義나 原音對應 表音規則으로 一貫해서 밀고 나가고 있지만, 그보다는 慣用을 尊重하는 것이 賢明한 態度일 것이다. 그 積極的인 例로 國名으로서 美國, 英國, 佛蘭西, 獨逸, 和蘭, 濠洲, 印度, 泰國, 土耳其, 希臘, 西班牙, 露西亞 같은 語形을 써왔으니 이들을 原音主義를 基準으로 한다고 없애버려서는 안 될 것이다. 이들은 당장 大學에서의 西班亞語科, 露語科, 露文學 등으로 活用되고 있다. 勿論 이들과 따로 그리스, 스페인, 러시아, 프랑스, 타이, 터키 등의 이름을 가져도 相關 없다. 두 가지 國名語形을 아울러 가지는 融通性이 있는 國語가 더 바람직하다.

우리나라에서 1986年에 蹴球 아세안 게임, 1988年에 올림픽을 開催하면서 世界 各國의 國名, 都市名, 選手·監督의 人名 등 엄청난 量의 固有名詞를 한글로 表記해야 할 必要가 생겼다. 그런데 이런 경우는 主로 外國語音轉寫가 되지 外來語表記라 하기는 어렵다. 그러니 慣用해온 國名, 地名, 人名까지 한데 몰아 새 表記規定으로 一樣化시켜서는 안 된다. 그리하여 地名, 人名에서도 慣用을 따라 : 파리(Paris) → 빠리, 카뮈(Camus) → 까뮈, 몽테뉴(Montaigne) → 몽떼뉴, 바하(Bach) → 밧하, 고흐(Gogh) → 곳호, 아아더(Arthur [ɑːθəː] → 아아서, 버어밍 햄(Birmingham[bəːmiŋhæm] → 버어밍검, Don Quixote → 돈키호테, H.C. Andersen → 안데르센, Schiller → 실러어, Venezia → 베니스(Venice) 등으로 적을 것이다. 這間에 大地震으로 新聞誌上에 오르내리는 Haiti 또 Argentina를 아이티, 아르헨티나로 表記케 하는 것은 스페인語에서 'g'나 'j'의 綴字를 [x]로, 'h'를 默音으로 소리 내는 原音을 따른 것이겠으나 英語綴字發音에 익숙한 우리에게는 새로 뜯어 고치지 말고 從來대로 '하이티' '아르젠틴'으로 두는 것이 좋았을 것이다. 더욱이 希臘에 '헬라스', 스페인에 '에스파냐'라는 새 이름을 내어놓은 것은 망발이다.

要컨대 外國 國名, 地名, 人名도 그 語形이 外來語로서 굳어진 것은 함부로 뜯어고쳐서는 안 될 것이며 原音主義로 國語의 外來語表記에 混亂을 일으켜서는 안 된다는 것이다. 이 敎訓은 外來語表記 問題를 審議하고 決定하는 사람들이 銘心해야 할 敎訓이며, 다음에 論議할 '좁은 뜻의 外來語'의 경우는 이 立言은 더 한층 强調되어야 할 것이다.

外來語表記에서의 長音表示에 대해서 잠깐 말하기로 한다. 國語表記에서의 長音表示는, 1) 固有語의 경우는 必要없다. 눈(眼)과 눈(雪), 발(足)과 발(簾) 등의 長短區別은 文脈意味에 의해서 분간할 수 있다. 2) 漢字語의 경우는 長短區別은 漢字가 지닌 屬性이니 漢字를 보면 분간할 수 있다. 한글專用의 結果 漢字語 長短區別이 紊亂해졌지만 한글專用을 廢棄하면 바로잡아질 수 있다. 3) 西洋語 外來語에서의 長短音은 原語의 發音에 遡及해 보면 알 수 있겠지만 外來語의 定義上 이는 不可能하다. 그래서 이 경우는 長短音의 區別을 表記에 反映시켜야 한다. 日本語에서는 外來語는 「가타카나」(片假名)로 적어 區別하고 長音은 長音符號 「-」로 表示하고 있다 : New York[ニュ-ヨ-ク], Rome[ロ-マ], Roosevelt[ル-ズベルト]. 國語表記에서 이들을 '뉴욕', '로마', '루스벨트'로 적어서 이들의 長音을 분간해 낼 수 있을까. 그러므로 3)의 경우는 長音을 表記에 反映하는 것이 正當하다. 곧 '뉴우욕, 로오마, 루우즈벨트'. 다만 이 表記法을 積極的으로 實施하는 것은 옳지 않겠다. 오늘날 現實에서 長音符號를 表示 안 하고 있는데 그것은 너무 번거롭기 때문이다. 그렇지만 적어도 地圖나 敎科書, 辭典 등에서는 長音表示가 되어야 할 것이다. 이러한 長音表示는 다음에 살필 '좁은 뜻의 外來語'의 경우는 더 切實하다.

다음은 '좁은 뜻의 外來語'의 表記에 대해서 論하기로 한다. 外來語는 定義上 他國의 言語體系의 資料(單語, 文句, 文字 등)를 自國語體系에 빌

려 와서 그 使用이 社會的으로 承認된 것을 이르니 外來語는 저마다의 歷史를 가지기 마련이다. 어느 時期에 들어왔고, 原語가 어느 外國語이며, 어떤 變遷을 겪어왔나 등등. 그런데 國語의 外來語를 다룰 때 우리가 알아야 할 것은 그들 大部分이 日本語를 거쳐서, 곧 日本語에서 外來語로 받아들인 것을 우리가 그대로 쓰고 있다는 事實이다. 日本은 이미 1550年 무렵부터 西洋人들과 接觸하여 포르투갈·스페인·和蘭人 등과 貿易, 交涉을 하면서 그 文物을 接하고 外來語가 들어오기 시작하였다. 이를테면 '빵'(포르투갈語(포語):pão), 羅紗(포語:raxa), 카스테라(포語:pão de) Castella, 에키스(濃縮液, 和語(和蘭語):extract), 코레라(和語:cholera), 페스트(和語:pest), 메스(和語:mes), 알칼리(和語:alkali), 알코올(和語:alchol), 렌즈(和語:lens), 소다(和語:soda), 홋꾸(和語:hoek), 커피(和語:koffie), 코크(和語:kok), 잉크(和語:inkt), 컵(곳뿌, 和語:kop), 고무(和語:gom), 펌프(뽐뿌, 和語:pomp) 등은 이른 時期에 日本語에 들어온 外來語이다.

1854年 日本은 美國 페리 提督이 이끄는 艦隊 앞에 屈服하여 美日和親條約을 맺으면서 開國하였고 그 뒤로 여느 西洋諸國에도 문을 열면서 英·獨·佛·露語, 그중에서도 特히 英語로부터의 外來語가 大量으로 불어났다. 日本의 辭書 「廣辭林」(1934)의 ア(아)行에 대해서 外來語를 調査해보니 694語인데 그중 英語에서 온 것이 582語로 83%에 이르며, 「岩波國語辭典」(1963)의 ア行에 나오는 外來語가 409語, 그중 英語에서 온 것이 295語로 72%에 이르며, 日本語 外來語 中 90%가 英語에서 들어온 外來語라 한다.1)

1) 矢崎源九郎,《日本の外來語》, 岩波新書, 1964. pp.4-5.

이리하여 日本語에서 外來語는 急激히 增加하였는데, 한 調査에서 보면

* 矢崎源九郞(1964). p.9

辭書名	出版年	總語數	外來語數	%
言海	1889	39,103	551	1.4
例解國語辭典	1956	40,393	1,428	3.5
岩波國語辭典	1963	57,000餘	2,918	5.1

와 같아, 約 70年 동안에 1萬8千 가까운 外來語가 불어났음을 볼 수 있다.

우리 韓民族은 1910年 以來 35年間을 日帝 아래서 지내며 日本語를 國語로 배웠으므로 日本語의 外來語도 그대로 우리말로 썼었다. 그 當時는 外來語도 日本語 대로 發音하였다[例 : 아루바무(album), 고-히-(coffee), 곱뿌(cup), 라지오(radio), 베루(bell), 바-(bar), 로봇또(robot)]. ('-'는 長音符號).

1941年 12月 8日 太平洋戰爭이 일어나면서 日本은 英語를 敵性語라 하여 英語外來語를 되도록 안 쓰도록 節制하고, 外來語를 漢字語 등으로 고치기도 하였다. 例컨대 「音盤」은 이때의 '레코드板'의 漢字譯語의 하나이다. 4年 뒤 1945年 8月에 日本은 美國에 敗亡하였고, 美軍이 日本本土에 進駐하였다. 그 後로 英語外來語는 그야말로 막았던 봇물을 튼 듯이 氾濫하였다.

以上 日本語에서의 外來語의 來歷을 張皇히 쓴 것은, 앞서 말한 듯이 日本語에 들어온 外來語가 고스란히 國語의 外來語가 되었기 때문이다. 다만 우리는 1945年 光復後로 日本語外來語를 國語發音式으로 고쳐서 – 이를테면 k, t, f 音들을 ㅋ, ㅌ, ㅍ으로 갈고 [가메라(カメラ) → 카메라, 기-빠-(キ-パ-) → 키퍼, 뻬다루(ペダル) → 페달, 뻬-스(ペ-ス) → 페이스, 빠렛또(パレット) → 팔레트, 땅꾸(タンク) → 탱크, 다-루(タ-ル) → 타르, 다꾸시-(タクシ-) → 택시, 후

이루무(フィルム)→필름, 휘꾸숑(フィクション)→픽션], 語末의 k, t, p 등을 ㄱ, ㅅ, ㅂ으로 갈고 [깃구(キック)→킥, 삐꾸닛구(ピクニック)→피크닉, 스꾸랏뿌(スクラップ)→스크랩, 구라브(クラブ)→클럽, 찟뿌(チップ)→팁, 뽀껫또(ポケット)→포켓, 오후셋또(オフセット)→오프셋, 카-뻿또(カーペット)→카펫)], 母音도 日本語는 ア, イ, ウ, エ, オ의 다섯 개뿐이지만 國語에는 그밖에도 '어, 여, 으, 애, 얘, 에, 예, 외, 위, 의, 와, 워, 왜, 웨' 등이 더 있어 原語音에 더욱 가까운 外來語形으로 하였다[빠루뿌(パルプ)→펄프, 람뿌(ランプ)→램프, 하무(ハム)→햄, 와-루도(ワールド)→월드, 구이인(クイーン)→퀸, 구이즈(クイズ)→퀴즈].

이리하여 國語의 外來語는 換骨奪胎하였다. 日本語 것보다 훨씬 原語音에 가까운 모습으로 된 것이다. 그러나 國語의 外來語에서 안타까운 點은 各 外來語들이 지녔을 歷史가 없다는 것이다. 日本語의 것을 그대로 들여와 쓰기 때문에 外來語 歷史를 따지자면 日本語 外來語의 歷史를 살필 수밖에 없는 것이다. 이를테면 가스, 고무, 코레라, 커피, 콤파스, 빵 등의 原語를 찾으려면 19世紀 中半에 日本人이 포르투갈, 스페인, 和蘭 등 言語에서 들여와 쓰이게 된 것임을 알아야 한다. 이들을 英語의 gas, gum, cholera, coffee, compass 등에서 들여온 것이라 생각할지 모르나 日本의 江戶(에도)幕府時代에 和蘭語의 gas, gom, cholera, koffie, kompas를 들여온 것이다. 끝의 '빵'은 佛語의 pain[pɛ̃]에서 由來한 것으로 생각하기 쉽지만 포르투갈語의 pão에서 온 것이다.[2)]

그리고 또 한 가지, 日本을 通한 外來語 輸入은 日帝時代만으로 끝난 것은 아니라는 것이다. 1945年 光復後로도 外來語는 대개 日本을 통해서

2) 矢崎源九郎(1964), pp.32-79.

우리말에 들어왔다. 찝車(Jeep), 스모그(smog), 커리큘럼(curriculum), 쎄미나아(seminar), 리베이트(rebate), 오레오마이신(aureomycin), 매스컴(mass communication), 파트타임(part-time), 케이스 바이 케이스(case by case), 레저어(leisure), 데 럭스(de luxe), 엘레간트(elegant), 그라마아(glamour), 데이트(date), 퀴즈(quiz), 테이프 레코더(tape recorder), 트란지스터(transistor), 시네마스코오프(cimemascope), 스트레프트마이신(streptomycin), 아파트(apartment). 이런 傾向은 現在까지도 繼續되고 있는데 日本의 近代文明이 우리보다 한걸음 앞섰고 西洋文物을 들여오는 것도 우리보다 앞선 데다가 우리는 西洋語의 國語譯語를 만드는 技術이 안 갖추어 있기 때문이다.

이리하여 日本時代 때 쓰이던 外來語 發音이 오늘날에도 그대로 남아 慣用으로 定着된 것이 적지 않다. 몇 가지 例를 들어보인다[※괄호 안에 原語와 「국어기본법」 表記形을 보임] : 도마또(tomato 토마토), 캬베쓰(cabbage 캐비지), 캐비넷(cabinet 캐비닛), 케에키(cake 케이크), 사라다(salad 샐러드), 뽀뿌라(poplar 포플러), 스무우스(smooth 스무드), 후랏시(flash 플래시), 비스켓트(biscuit 비스킷), 가아제(獨語 Gaze, 거즈), 락까(lacquer 래커), 쏘세이지(səsidʒ 소시지), 헬멧트(helmet 헬밋), 훼미리(family 페미리), 휘나아레(伊太利語, finale, 피날레), 후앙(送風機, fan). 한편 國語에서는 有聲子音 b·d·g·v·s를 된소리로 發音하는 傾向이 있어 까스, 께임, 꼴, 따블, 땐스, 빼스, 뽀이, 빽미러, 빠아, 빠더(butter), 까운, 째즈, 쨈, 깽, 빠나나, 빤드, 뺏지, 싸이렌, 싸인, 써비스의 모양으로 쓰인다.[3)]

---

3) 여기 든 外來語 例들은 문교부(1979)「외래어표기법 개정 시안」, 南廣祐(1982) "外來語表記法의 硏究", 「國語國字論集」, 국어연구소(1988)「외래어표기 용례집」, 이희승·안병희(1989) "외래어 표기법", 「한글맞춤법 강의」 등에서 뽑은 것이다.

여기에 이르면 外來語表記에 있어 새로운 面에서의 問題가 提起된다. 外來語表記의 規則을 權威機關에서 公告하여 一齊히 거기에 따라 表記케 하는가, 또는 慣用形態와 現實에서의 使用例를 尊重하여 그 모습으로 國語에 登錄하는가. 언뜻 생각하기에는 앞 態度가 옳을 것 같다. 그래야 國語가 齊一하게 整理될 것이기 때문이다. 그러나 달리 생각하면, 이런 態度는 現實과 規則과의 乖離를 가져와서 現實의 言語使用에 큰 支障, 混亂을 말미암게 할 것이며, 言語의 살아 숨 쉬는 生命을 빼앗는 것이 되며, 몇몇 사람이 定한 것을 國民에게 强要하는 專制的 獨裁國家에서나 할 수 있는 것이 된다. 도대체 國語整理란 희랍의 옛날이야기에 있듯이 침대를 만들어 놓고 그 길이보다 큰 사람은 다리를 잘라 내고, 작은 사람은 잡아 늘리는 式으로 가지런하게 하는 것이 아니다. 또 그같이 令을 내려보았자 사람들이 그것을 따를 수도 없다. 그런 뜻에서 「국어기본법」의 「외래어표기」는 基本的으로 잘못된 姿勢를 取하고 있다고 할 수 있다. 오히려 「국어기본법」을 만든 사람들은 먼저 「國語 外來語辭典」의 編纂을 하는 것이 좋을 것이었다. 그 辭典에서는 國語辭典이나 文獻에서 採錄한 것과 直接 귀로 들어서 모은 것과를 區別하고, 資料 提供者의 身分, 年齡, 性別, 時日 등도 적어두며 그 外來語가 쓰이는 狀況 등도 적어둔다(이를테면 近來 國道가의 飮食店들의 商號로 '○○가든'이라는 말이 많이 쓰인다든가, 雜貨商店들의 商號로 '○○마트'라는 말이 많이 쓰인다든가). 一般으로 많이 쓰이는 것은 표를 한다. 外來語는 流行語의 性格이 있어 일찍이 쓰이다가 이윽고 안 쓰이게 되는 것도 많다. 이를테면 1920~30年代에 高等失業者를 '룸펜'이라 불렀었으나 오늘날에는 쓰이지 않는다. 이렇게 採錄된 外來語는 流行하던 때의 世相도 反映하고 社會言語學硏究의 資料

도 될 수 있다. 또 收錄에 있어서 醫學, 藥品, 科學, 經濟, 服飾, 化粧, 料理, 藝能, 스포츠, 音樂, 文學, 建築, 工業 등등 分野別로 따로 모으도록 하는 것도 생각해 볼 일이다. 國語政策을 맡는 사람들은 이같이 만든 '外來語辭典'을 바탕으로 하여 現實에 密着한 眼目에서 表記語形을 決定하고 또 外來語 整理도 할 것이지 一方的으로 齊一化를 위한 令만 내려서 國民들의 言語生活에 混亂, 弊害를 끼치는 態度를 取해서는 안 된다.

國語 안의 外來語數는 想像外로 많을 것이다. 參考로 外國語에 보면 英語의 경우는 全語彙의 55%가 프랑스, 라틴語 등 이태리語系의 外來語라 하며, 日本語의 경우 荒川惣兵衛 編 《外來語辭典》(富山房, 1941)에는 約 一萬語가 收錄되어 있는데, 6~7萬語를 모은 데서 추린 것이라 한다.[4] 이렇게 外來語가 많아지면 國語의 發展에 害로울 것은 말할 것도 없다. 漢字語라면 1~2千의 漢字를 알면 다 理解할 수 있으나 外來語에서는 그런 方便이 없기 때문이다. 한편 外國語 頭音型略語 外來語의 問題도 있다. 우리는 新聞, 雜誌 등에서 ILO(國際勞動機構), IOC(國際올림픽委員會), IQ(知能指數), IC(集積回路), FTA(自由貿易協定) 등 숱한 이 같은 '外來語'를 본다. 中國에서 文化革命後 이 같은 國際的 略稱에 對處키 위해 「英語縮略語詞典」을 만들었는데 1,162페이지나 되는 大部의 책이 되었다 한다.[5]

이런 까닭에 外來語를 될수록 國語 漢字語로 고쳐서 外來語를 덜 쓰는 努力이 必要하다. 이를테면, 아이디어 - 생각, 構想, 着想, 논픽션 - 實話, 스태프 - 製作陣, 參謀, 幹部陣容, 캐스트 - 出演陣, 심포지엄 - 學術會議, 멜

4) 矢崎源九郎(1964) p.29, p.122.
5) 修木修次, "外來語表記 全面 見直しの 基準は 何か", 「中央公論 1987年 2月號」, pp.62-63.

로드라마 - 通俗劇, 스폰서 - 後援者, 廣告主, 메이크업 - 化粧, 扮裝, 이슈 - 論點, 爭點, 데이터 - 資料, 情報, 스테이지 - 舞臺, 라이벌 - 競爭者, 멤버 -構成員, 찬스 - 機會, 힌트 - 暗示, 레크리에이션 - 娛樂, 매스컴 - 報道機關, 스피이드 - 速度, 보너스 - 賞與金, 프로 - 職業的, 타이프 - 型, 캠페인 - 啓蒙運動.[6] 이 같은 努力이 헛된 일이 아닐 것임은 中國에서는 우리가 外來語로 받아들이는 것을 大部分 漢字語로 消化하고 있는 것을 보아 알 수 있다. 우리는 外來語와 漢字語는 아주 別個의 것이라 생각하기 쉽지만 둘 다 같은 뿌리에서 나온 것이다. 西洋文明語를 들여오면서 한편으로 漢字譯語로 對處하였고, 한편으론 對應되는 語句를 마련하기 어려울 때 外來語로 對處하였다. 우리나라에서 한글專用을 實施한 後 外來語가 急速히 늘어나게 된 것은 漢字語로 對處할 수 없게 된 때문이다. 끝으로 外來語表記 問題를 다룰 때 北韓의 外來語表記도 考慮해야 할 것임을 한마디 하여 둔다. 北韓에서는 南韓과는 또 다른 表記基準을 마련하고 있기 때문이다.

文章符號法

近代以前에는 漢字文化圈의 나라들, 韓國, 日本, 中國에서 文章符號를 쓰지 않았다. 近代以後 日本에서 文人들이 西洋語의 文章符號法(punctuation)을 본떠서 日本語文章에 文章符號를 쓰기 시작하였고, 이윽고 1906年(明治 39年)에 文部大臣官房圖書課가 "現行의 國定敎科書 修正의 경우 지킬 標準으로 할 目的"으로 「句讀法案」을 立案公表하였다. 이것은 。, 、,

6) 南廣祐(1982) pp.39-41.

·, 「, 『의 다섯 가지 符號의 用法을 規定한 것인데, 그 뒤로 句讀法은 日本에서 急速度로 普及되게 되었다. 우리나라에서는 開化期에 日本語文章語의 영향으로 「親睦會會報」(1896) 大朝鮮日本留學生親睦會發行, 「新訂尋常小學」(1896) 學部編輯局刊, 「국문정리」(1897) 리봉운 著 등에서 처음으로 句讀法이 不完全하나마 使用되고 있다. 이 中 「新訂尋常小學」은 日本文部省 編輯局刊 小學校教科書 「尋常小學校讀本」을 飜譯한 것인데, 그때 句讀點도 原本 그대로 옮겨 적은 것이다.7)

以上에서 國文에서의 文章符號 使用의 起源에 대해 잠깐 보았지만, 時代가 내려오면서 日本에서의 句讀法(文章符號)도 發展하였고 日帝下에 있었던 우리 文章語에서의 文章符號 使用 역시 따라서 發展되었다.

오늘날 近代的 國語文章語에서는 當然히 文章符號가 重要한 구실을 한다.

다음에 「국어기본법」의 文章符號法에 대하여 몇 가지 意見을 말하고자 한다. 文章符號 가운데서 가장 重要한 것은 文의 終止를 보이는 符號이다. 그런데 오늘날 國語正書法에서는 이 終止符로서 period「 . 」를 쓰고 있다. 이것은 西洋語들 文章語에서 쓰이는 符號이지만 이 符號는 國語文章語에는 맞지가 않다. 西洋語를 적는 文字는 알파벳, 곧 單音文字인데 대해 韓·中·日 등 나라의 文字는 音節文字이기 때문이다. 文字單位의 次元이 다르기 때문에 period로는 符號 크기가 너무 작다. 그래서 이를 廢하고 日本語正書法에서 쓰는 「。」를 取하는 것이 妥當하다. 中國에서는 西洋式 文章符號法을 따르고 있지 않는가 反問하겠지만, 中國에서의 近代的 文章語의 樹立을

7) 以上 記述은 "金秉喆(1984) 「韓國句讀點起源考」 韓國學報 9, 1984. 1"에 依據한 것이다.

위한 過程은 첫발부터 잘못 내어 디뎌진 것이었다는 것을 알아야 한다. 이에 대한 詳論은 略하나 漢字를 廢止하고 로마字를 쓰자든가, 가로쓰기를 한다든가, 簡體字를 만든다든가, 그리고 西洋式 文章符號를 그대로 가져와 쓴다든가는 그들의 文字法에 대한 잘못된 觀念의 結果物이며, 우리로서 參考할 것이 못 된다.

다음으로, 이른바 쉼표 또는 반점이라 일컬어지는 「,」 그리고 引用符號로 쓰이는 「“ ”」에 대해서 말하겠다. 本來 우리의 文字는 音節文字이기 때문에 文字行을 가로쓰기로 할 수도 있고 내리쓰기로 할 수도 있다. 그리고 漢字文化圈에 드는 韓·中·日에서는 文字를 쓰기 시작한 以來로 文字行의 方向은 내리쓰기뿐이었다. 가로쓰기는 西洋語 文章이 우리 눈에 들어온 以後의 일이며, 西洋語에서는 言語와 文字의 特性上 가로쓰기만 하였다. 이러한 來歷을 無視하고 하루아침에 가로쓰기 一色으로 統制한다는 것은 歷史, 傳統을 헌신짝같이 여기는, 傲慢無禮한 짓이다. 뒤에 가서 論議하겠지만, 國語文章語는 내리쓰기를 하는 것이 妥當하다. 그래서 文章符號도 내리쓰기, 가로쓰기에 두루 쓰이는 것을 考案하는 것이 좋겠다. 반점으로서는 ‘ , ’과 ‘ 、’ 引用符號로는 ‘「 」, 『 』’ 또는 北韓에서 쓰는 ‘〈 〉, 《 》’ 등.

아마 西洋語, 이를테면 英語의 punctuation(文章符號法)의 實際用法을 살펴봐도 言語構造의 다름 때문이겠지만 國語文章語에서 採用할 만한 것이 거의 없다.[8] 國語의 文章符號法을 決定하는 데는 오히려 日本語正書法의 그것이 적지않이 參考가 될 것이다. 다만 日本語文章은 띄어쓰기를 안 하기 때문에 그런 差異에 의한 文章符號 使用의 다름도 있을 것이다. 光復後

8) Brittan : Punctuation, Harry Shaw : Punctuate it Right 參照.

한글專用, 가로쓰기를 하면서 調査, 硏究도 없이 英語의 文章符號를 그대로 들여와 쓰고 있는데 앞으로 文章符號法에 대한 着實한 專門硏究가 要望된다.

字行의 方向(내리쓰기, 가로쓰기)

1945年 祖國 光復後 國語正書法의 整理, 決定은 한글學者들에 의하여 左右되었다. 그들 한글學者 가운데는 國語表記에 있어 '가로 풀어쓰기'(한글 字母를 音節單位로 合字하여 쓰는 것이 아니라 알파벳 글처럼 字母마다를 單位로 가로쓰기하자는 것)를 主張하는 사람이 적지 않았다. 풀어쓰기는 實行되지 않았지만 가로쓰기는 그대로 남아 正書法 規範이 되었다. 처음에는 敎科書에서 實施되고 뒤이어 一般出版物도 가로짜기[9]로 옮겨 갔고 끝내는 新聞까지도 가로쓰기를 하게 되었다. 오늘날에는 特別한 경우가 아니면 내리쓰기는 볼 수 없게 되었다. 그런데 國語正書法의 다른 경우와 마찬가지로 가로쓰기 規定도 充分한 硏究, 調査나 根據理由도 없이 決定된 것이므로, 이 問題에 대해서 愼重한 檢討가 要請된다.

가로쓰기를 主張할 때, 흔히 눈의 生理로 봐서 가로쓰기로 된 것이 글 읽는 能力을 더 높인다는 것을 根據로 든다. 卽 "人間의 視野는 옆으로 넓으며 또 眼球의 左右의 움직임은 上下의 움직임에 비겨 筋肉의 負擔이 덜하고 疲勞가 적다."는 것이다. 그러나 이 理由는 着實한 科學的 實驗에 뒷받침된

---

9) 가로쓰기는 글을 書記할 때 가로行의 方向으로 쓰는 것, 가로짜기는 書籍이나 文書의 版짜기에서 가로行 方向으로 짜인 것을 가리키는 것인데, 두 경우를 아울러 '가로쓰기'로 부르기로 한다. 내리쓰기(위에서 아래의 方向으로 내리 쓰는 것)와 내리짜기도 위에 準하여 '내리쓰기'로 부르기로 한다.

것이라기보다 어림짐작으로 말하는 것에 지나지 않으며 信憑性이 적다. 다음에 이에 대한 자세한 實驗結果를 보인 글을 紹介하겠는데, 그에 의하면 文書를 읽는 데 있어 가로짜기 文章이나 내리짜기한 文章이나 讀書의 效能差異가 없다는 것이다.10) 이 實驗內容을 要約한다:

眼球의 움직임에는 ① 斷續性運動, ② 隨從運動 등이 있는데, ②는 이를테면 책상 위에서 손가락을 죽 움직이면서 눈이 손가락을 좇아가는 경우의 運動이며, 이때 視線은 스무우스(smooth)하게 손가락을 따라간다. ①은, 책상 모서리를 따라 죽 視線을 옮겨 갈 경우의 運動인데, 이때는 視線이 스무우스하게 움직이지 않고 스텝(step)하는 모양으로 옮겨간다. 글을 읽을 경우 읽을거리는 靜止하여 있으므로 눈은 斷續性運動을 하게 된다. 그런데 一般으로 글을 읽을 때, 視線은 0.2~0.4秒의 時間 周期로 한 번씩 머물다가 옮겨간다. 視線은 一般으로 3~4字의 묶음마다에서 머물면서 옮겨 가는 것이다. 視線을 中心으로 하여 어느 程度 範圍의 文字를 判讀하느냐를 調査한 結果 大略 視角으로 直經 5度 程度 안의 文字를 判讀할 수 있다. 以上과 같은 調査에 의하면 가로쓰기 글, 내리쓰기 글 사이에 아무런 差異가 없다는 것이다. 이로 보아 가로쓰기한 文書가 읽기에 더 낫다는 主張은 根據가 없는 見解라 할 수 있다.

가로쓰기 論者는 가로쓰기를 하면 書記(글 적기)가 쉽고 便利하다는 理由를 든다. 그러기 때문에 지난날 書籍, 文書를 내리쓰기할 때에도 學生들은 講義의 노트나 레포트를 적을 때 가로쓰기를 하였다. 또 가로쓰기를 하면 i) 글

10) 渡邊叡 "眼球運動のタテとヨコ(…의 세로와 가로)", 「月刊言語」, 1976. 9(vol.5, No.9), 東京, 大修館書店. pp.24-28.

쓰면서 이미 쓴 部分을 볼 수 있다, ii) 글 쓴 잉크나 먹물이 덜 마른 것을 잘못 스쳐 더럽힐 염려가 없다, iii) 글 쓸 때 팔의 움직임이 自然스럽다 같은 利點이 있다는 것이다. 위 말들은 다 至當하다. 그런데 생각할 것은, 正書法이란 文章을 읽을 경우를 基準으로 하여 決定하는 것이라는 것이다. 文章의 存在理由, 目的은 읽는 데에 있으며, 글 쓰는 사람도 남이 읽게 하기 위해서 글을 쓴다. 더욱이 오늘날 21世紀에 있어서는 讀者의 數나 讀書의 量이 엄청나게 增大하여 이 命題는 絶對的이라 할 수 있다. 이런 뜻에서 正書法 決定에 글을 쓸 경우의 有利함이 參考는 될 수 있어도 거기에 根據를 둘 수는 없다. 뿐만 아니라 오늘날에는 컴퓨터가 普及되어 가로쓰기, 내리쓰기는 出力時의 簡單한 操作으로 選定할 수 있으니, 字行의 方向 決定에 글쓰기의 쉽고 便利함이 크게 問題視될 것도 아니다. 글을 쓸 때 가로쓰기를 하고 싶으면 그렇게 하면 된다. 書記에까지 正書法 規範을 들이댈 것은 없다.

가로쓰기는 西洋文化 또는 文書가 들어옴으로써 시작되었고, 또 거기에서 말미암은 것이다. 우리나 中國, 日本人들은 西洋文書를 接하면서 가로쓰기의 存在를 알았다. 그리고 西洋文化가 들어오면서 가로쓰기를 안 할 수 없는 경우가 있음도 알게 되었다. 아라비아 數字, 그 數字의 羅列, 이 數字에 의한 數量, 時刻 또는 年月日 등의 書記, 아라비아 數字에 의한 數式, 나아가서 化學式 등 여러 構造式들, 또 알파벳의 羅列, 西洋語의 引用 등의 書記의 必要가 생겼으며, 이들은 가로쓰기로 적고 가로짜기로 印刷할 수밖에 없는 것이었다. 가로쓰기를 해야 할 眞正한 理由, 根據는 바로 여기에 있다.

그러면 國語正書法은 가로쓰기를 擇할 것이냐 내리쓰기를 擇할 것이냐. 이를 決定하기에 앞서 우리는 다른 나라들에서는 字行 方向 問題를 어떻게

處理하고 있는지 잠깐 살펴보기로 하자. 우선 알파벳 文字를 쓰는 西洋語들의 경우를 보자. 西洋語들의 文字法에서는 알파벳을 材料로 單語의 덩어리를 만들어 그 덩어리를 가로로 이어간다. 西洋語들을 構成하는 基本單位는 單語이며, 알파벳으로 만들어진 이 單語들이 잘 識別되도록 그들 사이마다에 空白을 둔다. 알파벳 文字의 性質로 보아서도 西洋語 文章은 가로쓰기를 하는 것이 妥當하다.

다음에는 韓·中·日 세 나라의 경우를 보기로 하자. 이들 나라의 言語의 特徵은, 單語를 이루는 音聲單位가 音節이라는 것이다. 따라서 音節文字로 써 單語를 적을 수밖에 없고 讀書할 때 單語가 아니라 文字(音節)를 把握하며 進行한다. 이 세 나라 中에서도 中國語의 경우는 좀 特異한데, 이 言語構造의 構成單位인 單語나 形態素는 原則的으로 單音節이고 孤立的이다. 그리하여 그 單語마다를 하나의 漢字로 나타내고 있다. 이 같은 言語, 文字의 性質을 봐서는 가로쓰기 하든 내리쓰기 하든 相關이 없겠으나 中國에서는 古來로 내리쓰기를 하여왔다. 그러다가 1955~6年에 中國은 一齊히 가로쓰기로 方向을 바꾸었다. 이 決定에는 中國의 文字改革運動이 背景으로서 깊이 關與하고 있다. 中國은 19世紀 末葉, 特히 淸日戰爭(1894)에 敗하면서, 漢字의 어려움이 敎育의 普及을 妨害하고 亡國으로 이끈다 하여 漢字改革의 소리가 急速히 높아졌다. 表音文字 製作에 관한 많은 論議 끝에 1918年에 '注音字母'가 公布되고, 이것은 1930年에 '注音符號'로 改稱되었는데 初等學敎 初學年에서 漢字를 익히는 手段으로 利用되었다. 한편 國語(中國語)를 漢字 대신 로마字로 적기로 하자는 主張들이 提唱되면서 1926年에 敎育部에서 '國語 로마字'를 發表하고, 1928年에 이를 '國音字母第二式(第一式은

注音字母)'으로서 公布하였다. 中華人民共和國의 成立(1949) 뒤 1951年에 毛澤東主席은 "文字는 반드시 改革하여 世界文字에 共通하는 表音化의 方向으로 나아갈 것이다." "漢字의 表音化에는 많은 準備가 必要하다. 表音化 前에 漢字를 簡略化하여 當場에 利用할 것이다."라고 指示하였다. 그리하여 1955年에 「全國文字改革會議」가 열리고, 1957年에 '漢語拼音方案'(中國語 로마字表記法)이 公布되었다. 以上과 같은 背景에서 1952年 2月에 '中國文字改革硏究委員會'(1954年 2月에 '中國文字改革委員會'로 改組되고 國務院 直屬機構가 되었다)가 成立되고, 그 成立大會의 講演에서 郭沫若은 將來의 中國文字는 가로쓰기를 할 것이라고 말하였다.

다음은 日本의 경우를 보기로 하자. 日本語는 中國語와 달리 우리 國語와 매우 닮아 있다. 日本語의 構造는 우리 國語와 같은 膠着語型이어서, 語彙的 意味를 나타내는 單語(語基)와 토가 構造의 基本單位가 되어 있다. 卽 國語는 體言, 副詞 등 뒤에 助辭가 붙으며(새가, 하늘을, 빨리도…), 用言語基 뒤에 用言토가 붙어서(가십니까, 읽었는데, 달리는…)[11] 文章을 이루는 文法인데, 日本語文法도 이와 같다. 한편 日本語는 國語처럼 많은 漢字語를 가지고 있으며, 日本 固有文字인 「가나(히라가나, 가타카나 두 가지)」와 漢字로 글을 적는다. 國語의 경우와 한 가지 다른 것은 漢字는 漢字語를 적는 데에 쓰일 뿐 아니라 固有語를 적는 데에도 쓰인다는 點이다. 이를테면 鳥が鳴く(새가 운다), 春が來た(봄이 왔다), 山が高い(산이 높다)에서 鳥[tori)], 鳴[na-], 春[haru], 來[ki-], 山[yama], 高[taka-] 등은 日本 固有語를 적은 것이다. 또한 日本의 '가나文字'의 歷史는 約 千年이 되며, 옛부터 文章을

11) 點친 것이 助辭, 用言토.

쓸 때 가나漢字混用文으로 써왔다.

日本語에서는 옛부터 現在에 이르기까지 다름없이 내리쓰기(내리짜기, 縱組, 다테구미)를 하고 있다는 점은 注目해야 할 일이다. 勿論 앞에서 본 가로짜기를 해야 할 性質의 책들(西洋語文, 數式이나 構造式, 數表들이 많이 들어있는 경우)은 가로짜기를 한다. 또 한가지, 公用文書도 가로쓰기를 한다. 1951年 日本의 國語審議會는 '公用文の左横書きについて(公用文의 가로쓰기에 대하여)'에서 官公廳文書는 가로쓰기를 하는 것이 더 效率的이라 하여, 그 뒤로 가로쓰기를 實施하고 있다. 以上 보는 바와 같이 日本語의 書籍, 文書는 내리쓰기를 主로 하고, 必要에 따라 가로쓰기도 한다는 正書法인데, 이를 두고 舊習을 못 버리는 保守的인 行態라 핀잔을 줄 것이 아니라 오히려 近代化 以前에 이미 敎育이 發達되어 文盲이 적었다는 事實, 近代文章語, 正書法의 整備가 우리나라나 中國보다 훨씬 일찍 이루어졌다는 點 등, 오랜 經驗을 통해 얻은 知慧에서 말미암은 것이라고 볼 것이다.

앞서 가로쓰기나 내리쓰기나 讀書效率에 差異가 없다 하였으나 國語나 日本語 表記에 있어서 내리쓰기가 더 나은 理由가 있다. 첫째는 讀書하면서 行을 갈아 읽을 때 바로 옆에 다음 行이 있는 내리쓰기가 讀書에 더 有利하다. 둘째로 가로쓰기 行에서는 글자가 竝列하나, 卽 글자 하나하나가 獨立하나 내리쓰기 行에서는 위 글자에 아래 글자가 從屬된다. 國語 같은 膠着語的 言語에서는 單語(또는 用言語基)에 토가 붙어서 한 結合體를 이루므로 내리쓰기가 더 適合하고 自然스럽고 읽기 便하다. 셋째로 東洋三國의 音節文字 — 漢字, 한글, 가나 — 는 오랜 歲月에 걸친 쓰임 속에서 字體가 내리쓰기에 맞도록 發達되어 왔다.

近來 別 硏究나 實驗도 없이 西洋 것이면 무엇이나 優秀하다는 新事大主義的 觀念에 사로잡혀 千數百年을 이어온 내리쓰기 傳統을 하루아침에 가로쓰기로 바꾸어버린 姿勢는 결코 옳은 것이 못 된다.

띄어쓰기

文章을 읽기 위해서는 적어도 形態意味的 基本單位로서의 單語 — 國語나 日本語에서는 여기에 토가 더 있음 — 는 把握되어야 할 것이다. 單語나 토의 把握은 讀書에서의 最小限의 要件이다. 띄어쓰기는 이 要件에 副應하기 위한 것이지만, 그러나 言語나 文字의 性質에 따라서는 띄어쓰기가 반드시 必要치 않을 수도 있다.

알파벳으로 적히는 西洋諸語들은 單語를 드러내기 위해서 單語들마다 사이에 空白을 둔다. 이렇게 區分된 單語들을 讀者는 直接 把握하므로 西洋語 文章의 讀書效率은 높다. 中國語를 적는 漢字는 字形이 이미 單語 乃至 形態素의 顯現이므로 띄어쓰기를 할 必要가 없다. 띄어쓰기를 한다면 글자마다 띄어 써야 할 것이기 때문이다. 日本語는 '가나' 文字로만 적힌다면 讀書 效率上 띄어쓰기를 해야 할 것이다. 그러나 現實에 있어서는 日本語의 文章은 띄어쓰기를 안 한다. 日本語는 國語와 마찬가지로 膠着語的 構造를 가지며, 國語의 경우와 거의 같은 比率의 漢字語를 간직하며, 文章表記에 있어서 固有의 表音文字 「가나」와 漢字를 아울러 쓴다. 이런 點은 國語의 경우와 한 가지인데도 國語에서는 國漢混用文章이라도 띄어쓰기를 하는데 日本語文章에서는 어찌하여 띄어쓰기를 안 하는가? 그것은 漢字使用法이 우리와 다르기 때문이다. 日本語表記에서 漢字語가 漢字로 적히는 것은 勿

論이지만 日本語의 固有語의 경우도 單語나 用言語基를 대개 漢字로 적는다. 이 경우의 漢字使用을 訓讀漢字使用이라 하는데 그 漢字는 漢字音으로 읽히는 것이 아니라 그 語彙의 固有語 音形대로 읽히는 것이다. 이를테면 '空が青い' '日が昇る'에서 '空·青·日·昇'은 'そら(sora), あお(ao-), ひ(hi), のぼ-(nobo-)'로 읽히며 固有語를 적은 것이다. 이러한 訓讀의 漢字使用이 日本語表記에서 띄어쓰기를 안 해도 되도록 하여주는 것이다. 日本의 國語學會 編(1978) 《國語學大辭典》의 〈分かち書き(띄어쓰기)〉 項의 一節을 引用하여 그 事情을 알아보자.

> "오늘날 漢字 「가나」 混用文을 쓰는 一般文章에서는 띄어쓰기는 하지 않는다. 漢字가 讀解의 경우 띄어쓰기와 같은 구실을 해주어 必要가 없기 때문이다. 띄어쓰기가 必要해지는 것은 「가나」文字만의 使用이나 로마字에 의한 文章, 그리고 더러 國民學校 低學年을 對象으로 한 漢字使用이 적은 文章의 경우 등에서 보게 된다."

또 小泉保(1978) 《日本語の(의)正書法》의 〈第五章 分かち書き〉의 一節을 引用해 보이면

> "私は昨日友人と丸善に本を買い行きました(나는 어제 친구와 마루젠에 책을 사러 갔습니다)"라는 文例에서 보듯이 漢字가 單語의 單位 또는 單語의 시작을 나타내어 준다. 그래서 漢字는 單語로서의 意味를 表示할 뿐 아니라 單語의 境界를 指示하는 띄어쓰기의 일도 하고 있어 더욱 그 威力을 높이고 있다.

여기서 한마디 해 둘 것은 사람들은 띄어쓰기를 讀書效率을 높이는 手段

으로 여기고 있지만 그렇지 않다. 띄어쓰기는 한글로 적을 경우 形態意味的 基本單位를 把握케 할 수 있는 구실을 할 뿐이다. 國語文章語의 경우 讀書效率은 表意(表語)文字인 漢字를 表音文字인 한글과 아울러 쓰면 크게 높아질 수 있다. 漢字는 視覺性이 높고 意味와 文字形態가 直結되어 있으니 意味把握이나 記憶印象이 뚜렷하기 때문이다. 中國의 有名한 言語學者 Yuen Ren Chao는 그의 著書 《Language and Symbolic Systems》(1968) 中 '8.Writing', pp.101-112에서 理想的인 文字法은 約 170個 程度의 音節文字와 漢字 같은 表語文字를 쓰는 것일 것이라 하고 있는데, 日本語文字法은 이 理想에 合致하는 것이며, 오늘날 日本語 文字法이 優秀한 것으로서 稱頌받고 있는 根據가 이런 데에 있다.

읽는 面에서의 考察은 이쯤하고 글 쓰는 面에서 띄어쓰기에 대해서 若干의 考察을 펴기로 한다. 「국어기본법」의 띄어쓰기 規則을 지켜 띄어쓰기를 바로 하기는 쉽지 않지만 그것을 더욱 어렵게 하는 것은 漢字語의 한글表記 때문이다. 漢字語를 이루는 漢字는 그 自體가 意味形態的 單位이지만 單獨으로 쓰이는 일은 드물고 대개 二字 以上이 結合된 合成語로서 쓰인다. 이런 合成漢字語를 '熟語'라 하는데, 熟語 가운데서도 二字 合成 漢字語가 多數를 이룬다. 이런 熟語는 中國語文法에서는 合成語로 다루어지나 國語에서는 合成語 아닌 單一語가 된다. 그런데 이 熟語로서의 漢字語는 여느 熟語와 쉽게 合成하여 더 큰 合成語를 이룬다. 이를테면 評價+方法→評價方法, 學習+要領→學習要領, 業務+開發→業務開發. 이 같은 多重合成 漢字語를 한글專用文에서는 어떻게 띄어 써야 할까. 두 漢字語의 合成語는 一般으로 붙여 쓴다 : 외국유학, 교육과정, 결과분석, 정치참여, 교수 활동. 그러나 三重 合成 漢字語의 경우는 대개 끝에 오는 漢字語를 띄어 적는다 : 자매결연 현황, 결과분석 보고, 학생생활 지도, 국제교류 현황, 전문대학 과정, 학보발간 계획. 그렇다고 機械的으로 그렇게 띄어 쓸 수 없는 일도 있다. 이를테면 '일반선택 과정'인지 '일반 선택과정'인지, '학보발간 계획'인지 '학보 발간계획'인지 判定하기 어렵다. 또 '국제 학술회의', '학교 성적평가' '해외 자료교류', '대학 교육평가' 등은 例示와 같이 오히려 앞머리에 오는 漢字語를 띄어 써야 할 것이다. 또한 위의 三重 漢字語 合成의 경우의 띄어쓰기 方式은 固定不變한 것도 아니다. 이를테면 '업무개선 방향'에 漢字語가 하나 더 合成된 '운영업무 개선 방향'은 이처럼 띄어 써야 할 것이다. 여기에 다시 하나 더 漢字語가 合成된다면 '학사운영 업무 개선 방안'이나 '학사운영 업무 개선 방향'쯤으로 띄어쓰기 해야 할 것이다. 이 같은 띄어쓰기의 難題는 한글專用 때문에 생기는 것이니 漢字語를 漢字로 表記하면, 外國留學, 姉妹結緣現況, 一般選擇課程, 學校成績評價, 業務改善方向, 運營業務改善方向, 學事運營業務改善方向처럼 쓰면 된다. 그리하여 工業振興廳傘下機關, 韓國駐在英國大使館, 韓國大學校師範大學國語敎育學科처럼 띄어쓰기를 할 必要가 없다. 다만 "各 道, 市, 郡 委員長", "最新 機械와 裝備" 등 '各'이 '道'뿐 아니라 '市' '郡'도 修飾하고, '最新'이 '機械'와 '裝備'를 아울러 修飾한다면 위처럼 띄어 써야 할 것이다.[12)]

다음은 固有語의 띄어쓰기를 살펴보자. 「국어기본법」의 띄어쓰기 原則은 '문장의 각 단어는 띄어 씀을 원칙으로 한다'와 '조사는 그 앞말에 붙여 쓴다.'와 같다. 그런데 위 原則만으로는 어떻게 띄어 쓸지 망설여지는 경우가 퍽

12) 이창용(1987) "漢字語句의 붙여쓰기에 대하여", 「세종어문연구」 3·4집 합병호.

많다. 이를테면 不完全名詞는 앞말과 띄운다 : '먹을 만큼 먹어라.' '네가 뜻한 바를 알겠다.' '그가 떠난 지가 오래다.' '아픈 데 먹는 약.' 그러나 다음의 경우는 不完全名詞가 아니므로 붙여 쓴다: '금강산에 가본바' '누구인지 아니?' '키가 큰데 힘이 없다'. 數를 적을 적에는 萬單位로 띄어 쓴다고 하였는데, 漢字를 쓰면 '십이억 삼천사백십육만 칠천팔백십팔'처럼 띄어 쓸 것 없이 12億3千4百16萬7千8百18처럼 붙여 써도 되고, 또는 '두시 삼십분 오초, 1946년 10월 9일, 16동 502호'처럼 띄어 쓰라 하지만 '2時30分5秒, 1946年10月9日, 16棟502號'처럼 붙여 써도 된다.

한마디 덧붙여 둘 것은, 흔히 '3시간, 8마리, 15문제'같이 쓰는 경우를 보는데 잘못이다. '세 시간, 여덟 마리, 열다섯 문제'로 적어야 한다. 아라비아 數字는 漢數字 대신으로 쓰여야지 固有語 數字 대신으로 쓰여서는 안 된다.

끝으로 北韓의 띄어쓰기法은 우리 것과 많이 다르므로 國語正書法 決定 때에는 考慮하여야 할 것임을 말해 둔다.

3

「국어기본법」은 2005年에 公布되었지만, 그 內容은 1945年 光復을 前後해서 約 20年 동안(1933年 '한글맞춤법통일안' 發表~1954年 최현배가 2次에 걸친 文敎部編修局長의 자리에서 물러난 해)에 한글學者, 한글專用主義者들이 만든 것을 基盤으로 하고 있다. 거기에 若干의 改正 補充을 더한 것이 「국어기본법」인 것이다. 그러므로 국어기본법 — 오늘의 國語正書法 — 을 옳게 理解하려면 적어도 1945年 무렵으로 거슬러 올라간 그 자리에서 觀察을 펴지 않으면 안 된다.

1945年 8月 日本이 美國에 敗戰함으로써 우리 民族은 갑작스럽게 8·15 解放을 맞이하였다. 解放된 祖國에서 가장 時急한 課題中 하나는 國語에 의한 學校敎育의 出發, 學校敎育의 基盤이 되는 國語國字問題의 方向設定, 國語正書法의 마련이었다. 이 課題를 이루는 主體로서 日帝下에서 「한글맞춤법통일안」 制定과 한글 運動을 펼쳐온 '朝鮮語學會(한글학회의 前身)' 會員들이 動員될 수밖에 없었고, 이윽고 이 方面에서의 全權이 그들에게 맡겨졌다.

日帝의 敗退, 美軍政의 시작이라는 짐작치도 못하던 180度의 轉換 앞에서 이들이 우선 풀어야 할 宿題는 課題에 臨하는 姿勢, 態度, 路線 등을 定하는 일이었다. 그것이 自主的이고 理想的인 國語, 國字敎育의 方向設定과 設計圖 作成으로 展開되었으면 좋았으련만 그것은 緣木求魚일 따름이었다. 우선 그들 自身의 能力이 그런 理想的 目標를 세우고 이룰 만한 데에 멀리 못 미쳤고, 다음으로 外的인 條件 – 政治的, 社會的 勢力·情勢 – 이 그들의 自由로운 運身을 許容하고 있지 않았기 때문이다. 그리하여 그들의 姿勢, 路線은 앞으로 펼쳐질 세상의 向方에 가락을 맞추고 앞으로의 政治的 權力의 動向에 장단을 맞추는 일이 될 수밖에 없었다.

그 具體的인 展開를 分析해보자. 우선 그들이 지닌 國語(韓國語)文法, 國語正書法, 國語敎育制度, 國語國字問題 등은 온전히 日帝下의 그것을 模倣하거나 飜案한 것이었다(한글맞춤법에 대해서는 若干의 論議가 있어야겠으나 紙面關係로 省略함). 그러나 35年間의 日帝壓制에서 벗어난 現實에서 日本 것을 그대로 세상에 내어 놓을 수는 없는 일이었고 또 한글學者들이 이제는 恥辱이 된 自己들의 著述들을 그대로 내어놓을 수 없는 일이었다. 그리하여 그들이 取한 對策은 日本에서 由來한 것이라는 事實을 아주 抹消해 버리는 일이었으며, 보다 積極的으로는 民族主義를 내세워 倭(日本)色 一掃를 主體的인 運動으로 펴는 일이었다.

日本으로부터의 影響의 문제는 일단 이렇게 處理하였다 하고, 다음은 國語 國字問題, 國語正書法의 方向을 어떻게 잡는가 하는 問題인데, 여기에서 그들이 優先的으로 考慮돼야 할 것은 美軍政의 意圖, 새 政府의 國家方針이었다. 한글學者, 한글學會會員에는 진작 日帝下에서부터 基督敎信者가 많았고, 그리하여 西洋宣敎師들의 한글專用表記文章體에 共鳴하고 있었는데, 光復後 그 宣敎師들이 美軍進駐로 되돌아와 美軍政의 文敎行政에 많은 影響을 미쳤고 李承晩 大統領이 積極的인 한글專用主義者인 데다가 國民들의 文盲率이 80%를 넘고 있었으므로 이만한 뒷받침에 그들은 망설임 없이 學校敎育, 國語表記 등을 한글專用으로 方向지었다.

以後 한글學者, 한글專用主義들이 60餘年동안 이때 定한 그들의 方向, 姿勢, 路線에 지나칠 만큼 固守, 執着을 보여온 것은 旣得의 名聲과 權勢를 간직해 내려는 意圖, 그리고 自己네 主張을 옳든 그르든 기어이 밀어붙여야 한다는 우리의 民族的 惡習의 躬行 때문이리라는 解釋 아니고는 달리 생각할 수 없을 것 같다.

附錄

국어기본법

1. 국어기본법 分析과 批判
2. 국어기본법 本文

국어기본법 分析과 批判

「국어기본법」이라 하면, 우리나라 國民의 大多數는 그런 이름을 들어본 적도 없거니와 그것이 무엇을 위한 法인지도 잘 알지 못할 것이다. 그런데 우리나라에는 그런 法이 存在하며, 더욱이 우리 國民은 語文活動을 함에 있어 이 국어기본법에서 가리키는 바에 따라 하도록 統制되고 있는 것이다. 오늘날 우리는 한글만으로 國語를 적도록 되어 있지만 그것은 이 法의 指示에 따른 것이다. 言語가 없으면 思考, 思惟도 없고, 歷史, 社會, 國家, 國民도 없고, 文化, 科學, 文學도 없고, 學校, 學問도 없다. 言語 가운데서도 입으로 하는 말보다 글로 적어놓은 말 －文字言語가 오늘날에는 그 價値가 몇 倍나 높다. 국어기본법은 바로 그 文字言語 － 國語文章語를 건드린 法이다. 이런 事實을 안다면, 국어기본법이란 어떤 것인가를 說明하려는 이 解說의 重要한 意義가 쉽게 짐작될 것이다. 이 解說을 읽는 데에 국어기본법을 對照해서 볼 必要가 있을 것이니 「국어기본법」 本文을 뒤에 실었다. 이 解說을 읽는 데에 參考하시기 바란다.

이제 국어기본법(※ 앞으로 「기본법」으로 가리키기로 함)을 앞에 놓고 그 解說을 시작하려 하면서, 이 법이 퍽 알아보기 어렵게 또는 曖昧模糊하게 되어 있다는 것, 그래서 一般人은 말할 것도 없거니와 이 기본법을 읽어야 할 主對象인 官公署 사람들도 그 內容을 理解하기가 어렵고, 더욱이 그 眞意를 알기란 거의 不可能에 가까울 것이라는 것을 앞서서 말해야 하겠다. 그러나 이 解說은 이러한 讀者들의 便宜를 위해서, 곧 기본법을 읽는 데에 理解가 잘 되도록 內容을 解釋하려는 것이 아니다. 이 解說은 기본법이란 도대체 어떤 것이냐, 그 正體를 밝혀내려는 데에 目的이 있다. 그리하여 本解說者는 기본법을 되풀이 읽으며, 穿鑿하며, 分析하며, 參考資料를 뒤지며 하여 기본법의 正體를 確實히 把握하고, 그것을 쉽게 알아볼 수 있도록 펼쳐 보인 것이 이 解說이다.

「국어기본법」은 政府 閣議(當時 大統領 盧武鉉)의 決裁와 國會議決을 거쳐 2005年 1月 27日에 (法律)7368호로 制定公布되었다. 국어기본법(國語基本法)의 구성(構成)은

제1장(第一章) 총칙(總則): 제1～제5조(條),
제2장 국어발전(國語發展) 기본계획(基本計劃)의 수립 등(樹立 等): 제6～제10조,
제3장 국어사용(國語使用)의 촉진(促進) 및 보급(普及): 제11～제21조,
제4장 국어능력(國語能力)의 향상(向上): 제22～제24조,
제5장 보칙(補則): 제26～제27조,
부칙(附則) 〈제7367호, 2005. 1. 27〉: 제1～제6조, 부칙(정부조직법(政府組織法) 〈제8852호, 2008. 2. 29〉, 29조에 이르는 생략(省略) 고시(告示). 부칙 〈제9003호, 2008. 3. 28〉 ①, ②, 부칙 〈제9491호, 2009. 3. 18〉

이와 같이 5個章, 27個條, 네 개의 附則, 그리고 29條에 이르는 省略告示 등으로 되어 있다. 이 中 「제8852호」의 부칙, 「제9003호」의 부칙, 「제9491호」의 부칙은 「국어기본법」이 制定公布된 뒤에 덧붙여진 것이다. 기본법은 27個

의 條文으로 되어 있지만 各條는 대개 몇 개의 項을 包含하고 있어 項數로 따지면 59項에 이른다(※2005年 1月 27日 法制定 以後 붙여진 附則 셋은 除外).

그러면 이들 적잖은 條項들로 기본법案을 作成한 者들이 期한 바 目標는 무엇이었던가. 기본법의 分析을 통해 確認한 結果, 그것을 한마디로 말한다면, 기본법案을 作成한 者들의 眞正한 目標는 國語의 한글專用表記 規範이라는 것을 確認할 수 있다. 더 確實히 말한다면, 한글專用表記를 法律로써 確定시키는 것, 그리고 國家가 이 法 곧 한글專用表記를 틀림없이 實施케 하기 위하여 執行하여야 할 措置를 定한 것이 기본법인 것이다. 27條에 이르는 法條文으로 꾸려지고 「국어기본법」이라는 거창한 名稱을 달고 있으나 기본법이 眞正으로 目標로 하는 바는 "國語를 한글만으로 적을 것", 곧 한글專用表記의 法制化에 다름없는 것이다.

첫머리부터 아무런 論證이나 說明도 없이 위와 같은 기본법의 本質에 대한 言明을 내어 놓으니, 기본법案의 作成者들은 勿論이겠지만 이 글을 읽는 讀者들로서도 너무 엉뚱하지 않느냐 하며 反撥할 것이다. 그러나 그 正體를 숨기면서 많은 條文들로 僞裝하고 巧妙하게 사람들을 迷惑시키고 있는 기본법 作成者들의 本意를 解剖하여 펼쳐 보이려면 위와 같이 먼저 그 核心을 指摘하고 뒤이어 條文들의 檢討를 통해서 이 言明을 論證하여 가는 方法이 讀者들로 하여금 理解하기 훨씬 쉽게 한다고 생각한다.

한글專用表記의 規定은 기본법 '제3장 국어사용의 촉진 및 보급'의 '제14조'에 그 모습을 나타내고 있다. 重要한 것이므로 여기 옮겨 보이겠다.

> 제14조 〈공문서의 작성〉
> ① 공공기관 등의 공문서는 어문규범에 맞추어 한글로 작성하여야 한다. 다만,

대통령령이 정하는 경우에는 괄호 안에 한자 또는 다른 외국문자를 쓸 수 있다.

② 공공기관 등이 작성하는 공문서의 한글사용에 관하여 그 밖에 필요한 사항은 대통령령으로 정한다.

한글專用表記는 기본법의 核心目標요 存在理由라 할 만큼 重要한 것일진대 正當하게는 "국어를 적을 적에는 한글만을 써서 한다"쯤으로 떳떳하게, 그리고 누구나 알아보기 쉽게 기본법 앞머리에서 闡明하여야 할 것이다. 그런데 그것을 제14조 하나로써 나타내고 있으니 기본법을 理解하려는 사람으로서 어지간해서는 기본법의 核心이 이 제14조에 있다는 것을 알아차리기 어려울 것이다. 기본법의 核心이 되는 것을 이같이 감추다시피 나타내고 있는 것은 기본법 作成者들도 한글專用이라는 것이 옳지 못한 것이라는 것, 그리고 우리나라 올바른 識者의 大部分이 한글專用을 批判, 反對하고 있어 드러내어 놓고 言明하기가 두렵다는 것 등 知覺과 心理가 빚어낸 것임에 틀림없다.

제14조로 돌아가서 찬찬이 살펴보자. 여기서는 한글專用表記는 '공문서(公文書)'에 대한 規定으로 되어 있다. 公文書란 政府나 官公署에서 내는 文書이다. 그런데 오늘날(2011年)에 있어서 우리나라 – 大韓民國 – 에서 公文書뿐 아니라 모든 文書가 한글專用으로 되어 있다. 新聞, 雜誌 등 大衆媒體物은 勿論 學校敎育, 敎科書, 參考書, 그리고 學術書, 一般圖書에 이르기까지 그 文章은 全的으로 한글專用 一色으로 되어 있다. 이것은 어찌된 일인가. 이 물음에 대한 答은 뒤에 가서 國家機關 등에 기본법의 普及, 守護 등에 관하여 指示한 條文들의 分析을 통해 절로 얻어질 것이므로 그

리로 미루겠다.

위에서 한글專用表記가 한글專用派(※ 국어기본법 作成者들은 뒤에 陣치고 있는 한글學者나 한글專用主義者들의 指示에 따라 움직이고 있는 것이므로 앞으로 기본법 作成者, 그 뒤에 있는 한글專用主義者들을 아울러서 「한글專用派」로 부르기로 한다.)가 期하는바 目標라 하였지만, 기본법에는 또 하나의 한글專用派의 目標가 있다. 그것은 '어문규범'에 관한 것인데, '어문규범(語文規範)'은 제1장 총칙의 제3조, 3에서

> '어문규범'이라 함은 제13조의 규정에 의한 국어심의회의 심의를 거쳐 제정한 한글맞춤법, 표준어규정, 표준어발음법, 외래어표기법, 국어의 로마자표기법 등 국어사용에 필요한 규범을 말한다.

로 나타내고 있다. '어문규범'은 한글專用派들이 자랑스러운 業績으로 내세우고 있는 것이니 이 기본법에 들어 있을 것은 當然하다. 그런데 한글맞춤법을 비롯한 '어문규범'들은 알고 보면 퍽 부실하고 모자라고 잘못되어 있기도 하여 도저히 그대로 法으로 規定할 만한 것이 되지 못한다. 그 위에 法으로 規定할 만한 것이라면 이미 完成 確定된 것이어야 할 터인데 '어문규범'은 修正 補充作業 등이 進行中인 것이니, 그런 것을 法으로 規定한다는 것도 잘못된 일이다. 이 點에 대해서는 本書의 'Ⅳ. 한글맞춤법과 國語正書法 1. 「국어기본법」과 國語正書法'에서 論議되고 있으니 자세한 것은 그리로 미루고 여기서 다시 論議함을 省略한다.

그것은 그렇다 하고, 위에 引用한 제1장~제3조~3에 보면 '어문규범'은 "제13조의 규정에 의한 국어심의회의 심의를 거쳐 제정한(밑줄은 筆者)" 것

이라 하고 있다. '어문규범'의 實體는 기본법에는 나와 있지 않으며, '어문규범'의 內容을 알려면 讀者 스스로 찾아 헤매어야 할 것이니 이 點도 問題이기는 하다. 그런데 여기서 眞正 우리가 注目해야 할 것은 밑줄 그은 「국어심의회」라는 存在이다. 이 名稱이 여기 나온 김에 特記코저 하는 것이지만 기본법에서 '국어심의회'라는 것은 대단히 重要한 存在로서, 기본법을 흔들림 없게 守護하고 있는 것은 바로 이 국어심의회라 해도 過言이 아닌 것이다. 以下 한참동안 국어심의회의 究明에 紙面을 돌리기로 하는 理由이다.

어느 나라나 國語國字問題 등을 다루는 國語審議會라 할 것이 있다. 그런데 우리나라의 「국어심의회」는 애초부터 한글專用派들의 손안에 있었으며, 한글專用派의 語文問題에 대한 方針의 테두리 안에서 問題들이 論議, 審議되도록 되어 있었으며, 그 위에 한글專用派의 勢力을 키우는 터전이기도 하였다. 국어심의회의 發足 以來의 行跡을 더듬어보면 이런 事情을 짐작할 수 있는데, 그것을 말하기 前에 國語審議會의 얼개를 잠깐 보기로 한다.

國語審議會는 1953年 7月 文敎部令 第31號에 의하여 文敎部에 처음으로 構成되었다. 1976年 11月 以來 大統領令 第8676號에 따라 運營되다가, 1990年 新設된 文化部(지금의 文化體育觀光部) 傘下로 옮겨졌다. 기본법에서의 국어심의회는 委員長과 副委員長 各 1名을 包含하여 60人 以內로 構成되며 任期는 2年이다. 審議會는 過去에는 한글分科委員會, 漢字分科委員會, 國語純化分科委員會, 表記法分科委員會, 國語情報化分科委員會의 5個 分科로 構成되었다가 2005年 국어기본법이 公布되면서부터는 言語政策分科, 語文規範分科, 國語純化分科로 줄었다. 오늘의 국어심의회 委員의 構成은 국어기본법이 制定된 以後에 構成된 것이므로 委員의

人選은 한글專用派들의 뜻에 맞는 사람들을 主軸으로 해서 되어 있을 것은 짐작하기 어렵지 않다. 「국어심의회」에 대해서는 기본법 제13조 및 부칙 제5조에 記載되고 있다. 그리고 따로 「국어심의회 운영세칙」(제정 1995. 12. 23. 문화체육부훈령 제55호, 개정 1998. 7. 28. 문화관광부훈령 제28호, 전부 개정, 2009. 10. 11. 문화체육관광부훈령 제111호)도 나와 있다.

國語審議會는 1953年에 構成되었는데 當時 한글(맞춤법) 簡素化 波動이 한참 벌어지고 있었다. 國語審議會는 한글簡素化案에 反對하고 한글맞춤법을 支持하며 한글풀어쓰기가 窮極的인 解決策이 되리라 하였다.[1] 國語審議會는 이어 1958年 로마字의 한글化表記法, 1968年 人名, 地名, 數字表記法, 1969年 11月 機關名의 준말 作成法, 같은 해 12月 外來語 한글表記法 등을 審議하였다. 1970年 '國語調査硏究委員會를 構成' 「개정(改訂) 한글맞춤법통일안」을 마련하였고, 1979年 語文關係表記法改訂案(맞춤법안, 표준말안, 외래어표기법안, 국어의 로마자 표기법안)을 審議하였다. 1976年부터는 純化對象 用語를 審議하여 國語純化資料를 提供, 國語純化에 힘썼다. 1985年 12月 外來語表記法, 1988年 1月 19日 새로 改訂한 한글맞춤법, 標準語規定을 審議하였다. 1991年 1月 大法院 要請에 의해 人名用漢字를 審議하였다. 1997年 道路名關聯用語 審議, 運動競技用語 審議, 1999年 패션디자인用語 審議, 2000年 로마字 表記法 改定 등을 審議하였다. 以上 列擧한 國語審議會의 그 동안 편 作業의 經緯內譯이 보여주듯이 國語審議會는 한글專用派들이 掌握하는 바가 되어 있었고 政府內의 語文問題 硏究, 檢討, 審議 등을 다루는 이 機關은 그들의 主義, 主張을 펴는

1) '한글波動'에 대해서는 《한글학회(1971) 한글학회50년사》 pp.336-364에 자세히 記述되어 있다.

場으로 되어 있었던 것이다.

기본법에서 '국어심의회'에 莫强한 權力이 附與되고 있음을 짐작하기 위해 "제2장 국어발전기본계획의 수립 등"의 제6조를 檢討하여 보기로 한다. 여기에서 국어심의회(國語審議會)가 기본법 施行의 中樞의 자리에 있음을 볼 수 있다. 重要한 것이므로 다음에 옮겨 적는다.

> 제6조(국어발전기본계획의 수립 등)
>
> ① 문화체육관광부장관은 국어의 발전과 보전을 위하여 5년마다 국어발전기본계획(이하 "기본계획"이라 한다)을 수립·시행하여야 한다.
>
> ② 문화체육관광부장관은 기본계획을 수립하고자 하는 경우에는 제13조의 규정에 의한 국어심의회의 심의를 거쳐야 한다.
>
> ③ 기본계획에는 다음 각 호의 사항이 포함되어야 한다. (以下省略)

이 條文에는 한글專用派의 巧妙한 술수가 숨겨져 있으므로 愼重한 分析과 文面을 꿰뚫어보는 眼光이 必要하다. 語文問題를 管掌하는 政府機關으로 문화체육관광부장관(文化體育觀光部長官(以下 文體觀長官으로 가리킴)을 일의 主體로 내세우는 것은 當然하겠다. 그러나 "국어발전기본계획을 수립하고자 하는 경우에는 … 국어심의회의 심의를 거쳐야 한다."라는 限定을 두고 있는 데 注意할 必要가 있다. 卽 국어심의회의 審議를 거친 國語發展基本計劃을 文體觀長官이 내어놓는 것이니, 文體觀長官은 허수아비이고, 實際로 그것을 만들거나 審議하는 것은 국어심의회이다. 한편 오늘날 우리나라 國民은 一切의 語文活動을 국어발전기본계획에 따라 하게 되어 있다. 이와 같이 語文問題에 관한 實權을 국어심의회가 가지고 있으므로 한글專用派가 마련한 한글專用表記, '어문규범' 以外의 見解나 主張 – 예컨대, 國漢字混用表記나 外來語表記 修正案 등 – 은 아예 名銜을 낼 機會조차 遮斷되어 있다. 그러니 한글專用 反對나 漢字敎育實施 主張을 아무리 외쳐보았자, 옛날로 비겨 말하자면 宮闕 벽을 넘을 수 없는 것이다. 그 위에 한글專用派들은 기본법 規定도 時間이 흐르면 흐지부지되지 않을까, 또는 反對派들의 工作이 있지 않을까 염려하여 "5년마다 국어발전기본계획을 수립, 시행"토록 豫防對策을 세우고 있다.

以上에서 한글專用派들이 60餘年을 내려오면서 한결같이 劃策해온 한글專用, '어문규범'을 마침내 나라 法 – 국어기본법 – 으로 確定시켜 놓는 데 成功한 것을 말하였다. 다시 말하면 국어기본법은 1945年 光復의 前後에 한글專用派들이 이루고, 그것으로 우리 語文生活을 統制하려 한 한글專用, '어문규범'을 21世紀 오늘날에 平行移動시켜 놓은 것임에 다름없는 것이다. 다만 그 동안 거기에 若干 손질을 더한 差異가 있을 뿐이다.

그렇다면 5章 27個條文의 나머지 條項들은 무엇을 위한 것이냐, 그리고 光復前後하여 한글專用派들이 國民에 實施시키려 해온 것과 국어기본법과는 內容에 있어서 아무 다름이 없는가 – 이 解說을 읽는 讀者는 물을 것이다. 첫 번째 물음에 대한 答은 기본법에는 '국어'를 包含시켰다는 것이다. 두 번째 물음에 대한 答은 기본법 以前에는 한글專用이나 '어문규범'을 한글專用派, 그 同調者, 한글학회 등이 直接 國民들로 하여금 實施케 하는 데에 나섰었지만 기본법에서는 그 일을 國家, 政府, 中央(서울) 및 地方의 모든 行政機關들에게 課業으로 떠넘기고 한글專用派는 그를 監督하도록 한 것이다.

먼저 첫 번째의 '국어'를 包含시킨 데 대하여 論하기로 한다. 한마디로 이

措置는 "言語道斷"이다. 國語를 망치고 國語의 價値를 형편없이 墮落시킨 張本人이 바로 한글專用表記 — 그것을 뒷받침하고 있는 한글專用派인데, 그들이 어떻게 기본법에서 國語를 云謂할 수 있다는 것인가. 賊反荷杖이요 厚顔無恥의 極이라 해야 한다. 그런데 이 말을 하고 나서, 本解說者는 狀況에 어울리지도 않은 말, 아무 所用도 없는 말을 공연히 하였구나 뉘우치게 된다. 사람들은 말을 하면서 속마음과 입 밖으로 내어놓는 말과 다름이 없는 말, 곧 바른말을 하기도 하지만 애초부터 남을 속이려는 마음으로 하는 말, 거짓말을 하기도 한다. 글에 있어서도 마찬가지다. 그래서 詐欺하려는 者를 相對할 때는 仁이니 義니 등에 어긋남을 따지는 것은 도리어 어리석고 부질없으며, 그 하는 말이 詐欺라는 것을 알아차리는 것이 더 賢明할 것이다. 事實 本解說者처럼 「국어기본법」을 환히 꿰뚫어 把握하고 있지 않고서는 기본법의 '국어'라는 것이 大詐欺를 위하여 내어 놓은 造言이며, 기본법의 '국어'라는 單語는 一般辭典에서 定義되고 있는 '國語'의 槪念으로서의 國語가 아니라 한글專用派가 360度 歪曲시켜 놓은 엉뚱한 怪物임을 알아차릴 수 없을 것이다.

먼저 한글專用派의 國語認識에 대해서 論하기로 하고 다음에 「국어기본법」의 '국어'의 正體를 밝히는 論議를 펴기로 한다. 무릇 한글專用表記니 '어문규범'이니 하는 것은 그 名稱으로써도 알 수 있듯이 國語表記에 관한 것이다. 國家, 社會에 의해서 어떤 表記方式이 바른 表記라고 認定되었을 때 그 表記規範을 正書法이라 하는데, 한글專用派들의 '한글專用', '어문규범'들은 오늘날 일단 그런 認定을 받고 있으므로, 그것은 國語正書法이라고 할 것이다. 그런데 國語正書法과 國語와는 全혀 別個의 것이다. 앞 것은

國語를 表記하는 데 있어서의 規範이며 뒤 것은 그 表記되는 對象이다. 한글專用派가 國語를 表記하는 方式, 곧 國語正書法을 다루면서 國語云云하는 것 自體가 詐欺인 것이다. 그들은 國語를 다룰 知識도 能力도, 法으로 立案할 만한 見解도 가지고 있지 않다. 그들은 表記法이나 文字를 보는 管으로만 語文問題를 보아왔기 때문에 國語를 問題對象으로 삼을 資格이 없는 것이다. 國語를 다루려면 적어도 다음에 드는 바와 같은 國語認識은 갖추어 있어야 하겠는데 그들로서는 皆無에 가깝다. 條目別로 들어 말해 보자.

1. 國語(言語)를 構成하는 材料는 그 言語가 간직하고 있는 單語들, 곧 語彙이다. 그래서 國語問題를 생각할 때 으뜸으로 살필 것은 國語語彙이다. 그런데 한글專用派는 國語를 이루는 語彙의 3分의 2(60~70%) 가까이가 漢字語이며, 漢字語는 漢字로 이루어진 單語이고, 그 漢字는 形·聲·義를 아울러 갖추었기 때문에 이를 한글로 적으면 그 單語의 正確한 意味把握이 거의 안 된다는 데 대한 認識이 없다.

2. 오늘의 國語는 近代國語이며, 그런 資格은 西歐의 先進文化, 科學에 담겨있는 새로운 概念의 語彙들을 우리말로 飜譯한 語彙〈(飜)譯語〉들을 갖추어 있음을 條件으로 한다.[2] 그런데 그 近代的 西洋 語彙의 飜譯은 우리 固有語로는 할 수 없고, 漢字에 의해서만 可能하다. 한글專用派는 이런 認識이 전혀 없다.

3. 그런 認識이 없고 보니 그들의 한글專用, '어문규범'들이 國家, 社會, 國民들의 國語使用에 얼마나 至極한 害毒을 끼치고 있는가에 대한

2) 本書 Ⅲ-1(國語의 概念定立을 위하여) 參照.

認識도 當然히 없다.

4. 한글專用派가 내세우는 한글專用, '어문규범' 등은 이미 百餘年前에 形成된 것이고, 오늘에는 時代錯誤的인 것이다. 그럼에도 그들은 自說에 대한 執着이 너무나 强하여 그 테두리에서 벗어날 수 없다. 따라서 國語에까지 視野를 넓힐 能力이 없고, 혹시 가졌더라도 그것은 歪曲된 것일 수밖에 없다.

5. 한글專用派들의 머릿속에는 國語表記法(한글專用, '어문규범')에 대한 觀念만 있을 뿐이다. 그러니 國語問題에 대해서 내어 놓을 '正當한' 見解나 意見이란 아예 없는 것이다.

위에 列擧한 것만 보더라도 한글專用派들이 國語에 대하여 말한다는 것은 까마귀나 부엉이가 사람들의 의논에 끼어드는 꼴이라 할까. 그러면 國語에 대하여 云謂할 資格도, 그럴 知識이나 能力도, 또 내세울 거리도 없는 한글專用派가 기본법에서 國語에 대해서 내세우고 있는 것은 대체 무엇인가? 直接 기본법 條文들을 들어서 살펴보기로 한다.

「제1장 총론」 제1조(목적), 제2조(기본이념)에서 國語에 대하여 다루는 目的을 말하고 있는데 거기에 보면 "국어의 사용을 촉진하고", "국어의 발전과 보전의 기반을 마련하여 국민의 창조적 사고력의 증진을 도모", "국어를 잘 보전하여 후손에게 계승" 등 그 뜻하는 바가 무엇인지도 알 수 없는 虛名無實하고 抽象的인 말을 늘어놓고 있다. 이보다는 보다 實際的인 國語에 대한 言及은 「제2장 국어발전기본계획의 수립 등」의 제6조에 나타나 있다. 卽 앞서 본바 "문화체육관광부장관은 국어의 발전 보전을 위하여 5년마다 국어발전기본계획을 수립·시행하여야 한다."라는 文句이다. 文意대로 解釋하면 엉뚱하게 문화체육관광부장관에 가서 '국어'를 다루는 目的을 내어놓으라 하고 있는 셈이다. 그러나 이 虛無孟浪한 말 뒤에 커다란 詐欺가 숨어 있다는 것을 앞에서의 檢討를 통해서 이미 알고 있는 바이나 다시 한 번 보기로 하자. "기본계획을 수립하고자 하는 경우에는 … 국어심의회의 심의를 거쳐야 한다."(제6조 ②)라 하였으니 結局은 한글專用派가 實權을 가지고 있는 국어심의회가 기본계획(국어발전기본계획)을 樹立하게 되어 있는 것이다. 되풀이 말하건대 우리나라 國民들의 語文活動에 대한 統制는 「국어(발전)기본계획」에 따라 執行되는 것인데 「국어기본계획」을 樹立하고 施行케 하는 것은 국어심의회이니, 結局 한글專用派의 생각대로 따르게 되어 있는 것이다.

이제 앞에서 우리가 잠깐 保留하여 둔 「기본법의 '국어'」의 正體를 밝히는 일을 다시 들어 보자. 한마디로 하여, 기본법의 국어는 한글專用派들의 '국어' 卽 한글專用과 '어문규범'을 具現하고 있는 國語를 가리키는 것이다. 다시 말하면 '국어'라는 말은 한글專用이니 '어문규범'이니 할 것을 僞裝한 羊頭狗肉인 것이다. 따라서 기본법에서의 '국어'는 實質的으로는 한글專用과 '어문규범'을 가리키는 代用語의 구실을 하고 있다. 기본법의 目標가 '한글專用', '어문규범'의 實踐인데도 이들 文句가 기본법에 거의 안 나타나는 데 대해서 우리는 疑訝하게 생각하였지만 그 秘密이 이런 데에 있었던 것이다.

한글專用派는 '국어'를 多目的的으로 利用하고 있다. 그 하나는 기본법에 한글專用派들의 目的 – 한글專用表記와 '어문규범'만 내세우면, 앙상한 正體가 드러나고, 法으로서의 허울도 갖추지 못할 것이므로 '국어'라는 것을 가지고 겉을 감쌈으로써 몸을 부풀려 權威도 보이고, '국어'라는 보다 큰 問題를 다루고 있는 것처럼 눈가림도 할 수 있었던 것이다. 그런 뜻에서 기본법의 '국어'는 여우가 덮어쓴 호랑이 가죽 구실도 한다. 위에 든 것 外에도 '국어'를 내세움으로써 한글專用派가 노리는 利得은 여럿이 있지만 그것들은 기본법의 '국어'와 關聯된 條文들을 檢討하면서 보기로 하자.

그리고 미리 알아두어야 할 것은 기본법에서의 '국어'는 國語 自體가 아니라 「'국어'와 關聯된 事業」을 그 內容으로 하고 있다는 點이다. 이 點은 다음 기본법의 條文들을 다루면서 보게 된다.

앞에서 기본법의 特色으로서 '국어'에 關聯된 事業들을 國家權力機關에 指令하여 施行토록 하고 있다는 點을 들었다. 다음에 이제까지의 解說敍述에서 이미 檢討된 條文들은 除外하고 나머지 기본법의 條文들을 차례에 따라 들어 보이기로 하는데, 條文들을 들면서 指令을 받는 權力機構들에 아랫줄을 그어서 눈에 잘 들어오도록 하겠다.

• 제4조－① 국가와 지방자치단체는 변화하는 언어사용환경에 능동적으로 대응하고, 국민의 국어능력의 향상과 지역어의 보전 등 국어의 발전과 보전을 위하여 노력하여야 한다.

② 국가와 지방자치단체는 정신 · 신체상의 장애에 의하여 언어사용에 어려움을 겪고 있는 국민이 불편 없이 국어를 사용할 수 있도록 필요한 정책을 수립하여 시행하여야 한다.

• 제8조－정부는 2년마다 국어의 발전과 보전에 관한 시책 및 그 시행결과에 관한 보고서를 당해 연도 정기국회 개시 전까지 국회에 제출하여야 한다.

• 제9조－① 문화체육관광부장관은 국어정책의 수립에 필요한 국민의 국어능력 · 국어의식 · 국어사용환경 등에 관한 자료를 수집하거나 실태를 조사할 수

있다.

- 제10조－① 국가기관 및 지방자치단체의 장은 국어의 발전 및 보전을 위한 업무를 총괄하는 국어책임관을 그 소속공무원 중에서 지정할 수 있다.
- 제11조－문화체육관광부장관은 … 국어심의회의 심의를 거쳐 어문규범을 제정하고, 그 내용을 관보에 고시하여야 한다. 이를 개정하는 경우에도 또한 같다.
- 제15조－① 문화체육관광부장관은 바람직한 국어문화가 확산될 수 있도록 신문・방송・잡지・인터넷 또는 전광판 등을 활용한 홍보와 교육을 적극적으로 시행하여야 한다.

  ② 신문・방송・잡지・인터넷 등의 대중매체는 국민의 올바른 국어사용에 이바지하도록 노력하여야 한다.
- 제16조－① 문화체육관광부장관은 국어를 통하여 지식・정보를 생산하고 활용하여 새로운 문화를 창조할 수 있도록 국어정보화를 위한 각종 사업을 적극 시행하여야 한다.

  ② 국가는 인터넷 및 원격정보통신서비스망 등 정보통신망을 활용하는 국민이 국어를 편리하게 사용할 수 있도록 필요한 정책을 시행하여야 한다.
- 제17조－국가는 국민이 각 분야의 전문용어를 쉽고 편리하게 사용할 수 있도록 표준화하고 체계화하여 보급하여야 한다.
- 제18조－교육과학기술부장관은 초・중등교육법 제29조의 규정에 의한 교과용 도서를 편찬하거나 검정 또는 인정하는 경우에는 어문규범을 준수하여야 하며, 이를 위하여 필요한 경우 문화체육관광부장관과 합의할 수 있다.
- 제19조－① 국가는 국어를 배우고자 하는 외국인과 … 재외동포를 위하여 교육과정과 교재를 개발하고 전문가를 양성 …
- 제20조－(後述)
- 제21조－국가와 지방자치단체는 국어의 발전과 보급을 목적으로 활동하는 법인・단체 등에 대하여 예산의 범위 안에서 필요한 지원을 할 수 있다.
- 제22조－① 국가와 지방자치단체는 국민의 국어능력 향상을 위한 기회를 균등하

게 제공하는 데에 힘써야 하며, 국어능력의 향상에 필요한 정책을 수립하여 시행하여야 한다.

• 제23조－① 문화체육관광부장관은 국민의 국어능력의 향상과 창조적인 언어생활의 정착을 위하여 국어능력을 검정할 수 있다.

• 제24조－(後述)

以上에 보면, 국어기본법은 '國家, 國家機關, 地方自治團體, 政府, 國會, 文化體育觀光部長官, 教育科學技術部長官, 新聞, 放送, 雜誌, 인터넷 등 大衆媒體'(제27조에 의하면, 特別市長, 廣域市長, 道知事도 包含됨) 등에게 指示를 내리는 超國家的인 團體(한글專用派)를 前提로 하고 있는데, 이 措置는 기본법의 生命維持에 대단히 重要한 구실을 한다. 첫째로 國家權力으로써 '국어'(卽 한글專用과 '어문규범')를 社會 全般에 普及하고 維持케 할 수 있다. 둘째로, 한글專用은 일찍이 〈法律 第6號(1948年 10月 9日) "대한민국의 공용문서는 한글로 쓴다. 다만 얼마동안 필요할 때에는 한자를 병용할 수 있다."〉처럼 法律로 定해 놓았었지만 國民들이 그 法의 存在를 모르거나 또는 그 法에 어긋난 表記, 卽 國漢字混用表記를 하거나 해도 統制할 수 없거나 統制할 힘이 모자랐다. 그러나 기본법에서처럼 國家의 該當部署에 '국어'를 普及하고 統制할 責務를 法으로 規定하여 두면 公務員들은 그 責務를 遂行해야 할 것이므로 '국어' 使用規制는 항상 살아있고 施行되고 있을 것이며, 그 責務를 소홀히 할 경우는 한글專用派들이 文化體育觀光部를 통해서 그 部署를 譴責할 수도 있다.

기본법의 條文들을 위에 들어 보였지만, 이 條文들에서의 指示는 숱한 不條理를 안고 있다. 條文에 따라 그것을 批判해 보기로 한다.

1) 제4조, 제8조, 제9조, 제10조, 제11조, 제16조, 제22조, 제23조 등을 보면, 거기서 指示한 課題들을 國家機關의 公務員들이 이루어낼 수 있을 것이라 여기고 이 條文들을 만들었는가 하는 疑念이 든다. 指示하는 바 業務內容이 딱히 어떤 것인지 짐작하기도 어렵고, 또 혹시 머리를 짜내어 그런 業務計劃을 만들어 施行하려 해도 그 할 일의 範圍가 너무 넓어서 어지간한 人力과 時間,豫算을 들여도 充分히 이루어내기 어려울 것 같다. 그 위에 그 같은 功力을 들여 이루어내었다 하더라도 거두어들일 功效는 거의 없을 것 같다. 그렇지 않아도 맡은 바 業務遂行에 시달리는 公務員들에게 기본법에 '국어'에 關聯된 條文을 채우기 위해 주워섬긴 듯한 業務들을 갖다 안긴다는 것은 그 自體가 나라에 罪 짓는 일이 아닐까. 특히 제22조, 제23조에서는 "국민의 국어능력의 향상"에 必要한 政策을 樹立, 施行할 것을 促求하고 있는데, 그러기 위한 權限은 오로지 한글專用派가 쥐고 있으면서 따로 무엇을 하라는 것인지? 國語能力(學力)을 向上시키려면 初等學校에서부터 漢字를 제대로 가르치면서 學業의 全段階에 걸쳐서 國漢字混用文에 의한 '올바른 國語敎育'을 實施하는 것, 그 方法밖에 딴 道理가 없는데, 漢字敎育, 漢字使用의 물꼬를 自己들이 막아놓고 이 같은 指示를 내린다는 것은 矛盾撞着도 甚하다 할 것이다.

2) "공문서는 … 한글로 작성하여야 한다(제14조)."라고 標榜하여 놓고, 實際로는 '한글로 작성(한글專用)'을 新聞, 放送, 雜誌, 인터넷 등의 大衆媒體에 擴大하고(제15조), 인터넷 및 원격정보통신망까지 統制하고 있으니(제16조) 여기에 또 기본법의 詐欺를 본다. 또 제18조에서 "초·중등교육법 제29조 규정(※이것은 국어기본법에 나타나 있지 않음)에 의한 교과용 도서를

편찬하거나 검정 또는 인정하는 경우에는 어문규범을 준수하여야 하며 ….”라 하여 모든 教科書를 한글專用文으로 만들도록 하고 있다. 한글專用은 한글專用派들의 모토(motto)이지 國民들 輿論은 國語教育으로서 漢字教育을 實施하기를 切實히 願하고 있다. 이를테면 國立國語院이 2005年에 갤럽을 통해 調査한 國民言語意識을 보면 놀랍게도 87%의 國民이 就學前부터 시작하여 初等學校 在學期間에 漢字初等教育을 해달라고 要求하고 있고, 이는 韓國教育課程評價院에서 2009年에 行한 漢字教育研究調査에서도 비슷한 數値로 나타나고 있다.

3) 제17조 “각 분야의 전문용어를 쉽고 편리하게 … 표준화하고 체계화하여 ….”의 眞意는 既存專門用語들을 ‘擬固有語’로써 새로 造語하려는 것을 뜻한다. 專門·學術用語의 한글專用表記에 의해서 學校, 學界, 各 專門分野에서 받고 있는 弊害는 이루 말할 수 없는데 이것도 모자라서 한글專用派들은 그들이 任意的으로 만든 ‘한글專用用語’까지 덧보태려 하고 있으니 그들이 저지르는 罪過의 끝을 알 수 없다.

4) 제19조에 보면 국어를 배우고자 하는 外國人과 … 在外同胞를 위하여 教育課程과 教材를 開發하고 專門家를 養成할 것을 國家에 要求하고 있다. 이 條文을 보면서 몇 가지 矛盾을 擧論하지 않을 수 없다. 오늘날 우리나라에서 中高等學生은 勿論 大學生들도 教材의 文章을 제대로 理解하지 못하여 學習에 큰 支障을 받고 있는데 勿論 한글專用 때문이다. 제 나라 안을 이 꼴로 해놓고 外國人, 在外同胞의 ‘국어’ 教育에 적잖은 國費를 浪費하고 있는 데 대해 사람들이 모르고 있기에 망정이지 이런 事情을 알면 누가 憤激하지 않을 수 있겠는가. 한편 오늘날 진정으로 問題되고 있는 것은

國外가 아니라 國內의 多文化家族에 대한 言語政策이다. 2018年이 되면 우리나라 多文化人口가 400萬名을 넘어간다고 한다. 그런데 新聞에 의하면(東亞日報 2011. 2. 8. A4面) 政府에서 다문화 대안학교를 設立하려 하니 4個部處＋地自體＋敎育廳 業務가 한 데 얽혀 있어 이를 整理하고 一元化하는 것이 가장 골머리를 앓게 하는 問題가 되고 있다 한다. 當然히 여기에 국어기본법에서도 參與하고 있을 것이다. 한글專用派가 책상머리에 앉아 짜낸 '국어' 政策은 現實에서는 이 같은 골칫거리나 되고 있는 것이다.

앞에서 기본법의 條文들을 들어 보이면서 몇 개 條文은 거기에 들지 않았는데, 性質이 약간 다른 것이어서 따로 論하여 보고자 함에서이다.

우선 제24조인데, 아래에 옮겨 적어 보인다.

> 제24조(국어문화원의 지정 등)
>
> ① 문화체육관광장관은 국민들의 국어능력을 높이고 국어와 관련된 상담을 할 수 있도록 대통령령이 정하는 전문인력과 시설을 갖춘 국어관련 전문기관·단체 또는 고등교육법 제2조의 규정에 의한 학교의 부설기관 등을 국어문화원으로 지정할 수 있다.
>
> ② 국가는 제1항의 규정에 따라 지정된 국어문화원에 대하여 운영에 필요한 경비의 일부를 예산의 범위 안에서 보조할 수 있다.
>
> (③, ④ 項은 省略)

國語와 關聯된 專門機關, 團體, 學校의 附設機關 등은 全國에 數 없이 많다. 오늘날 한글專用 세상에서 한글專用을 支持하거나 한글專用 施行에 利用될 수 있는 分野의 硏究를 하는 團體, 機關들이 많겠지만 한글專用을 反對, 批判하는 측의 團體들도 더러 있다. 이 條文의 포인트는 ②項에 있다

하겠는데, ②項의 惠澤을 받을 수 있는 機關·團體의 選拔權을 한글專用派가 갖겠다는 것인지 또는 前者 측의 團體·機關들에 ②項의 惠澤을 받을 수 있도록 周旋하겠다는 것인지 이 條文의 意圖를 알 수 없으나, 속내는 한글專用派의 勢力을 이들에게까지 더 늘이자는 데에 뜻이 있을 것이다. 기본법을 보면 그 施行을 위해서 적지않은 나랏돈을 쓰도록 하는 데는 전혀 介意치 않고 있다. 그러나 기본법에서의 國費使用은 새 발의 피로서 한글專用으로 인하여 國家, 國民들로 하여금 浪費케 하고 있는 被害는 金錢上으로 따질 때 天文學的인 額數에 이를 것이다. 學生들을 學院에 보내는 것이라든가, 大學을 나왔어도 쓸모있는 人材가 없다든가, 企業에서 採用者를 再訓練하여야 한다든가, 大學에서 講義를 英語로 進行하게 된다든가도 그 原因을 캐들어가 보면 한글專用이 가로 놓여 있는 것이다. 땅(國語)을 망쳐 놓았는데 거기서 作物(學問)이 제대로 자랄 수 있겠는가.

이 제24조와 關聯하여 또 한 가지 言及하고자 하는 것은 「國立國語硏究院(현 國立國語院)」에 대해서이다. 한글專用派가 「국어기본법」과 더불어 얻은 가장 큰 戰利品이 이 '硏究院'이라 할 수 있다. 1984年 國立國語硏究所로서 發足할 때의 設立趣旨는 學術的 國語硏究에서 벗어나는 國語關聯分野, 이를테면 生活國語라든가, 國語關聯統計라든가, 國語國字政策關聯問題라든가 등을 硏究함으로써 專門學者가 關與키 어려운 國語關聯分野의 學問的 水準을 提高하고자 하는 것이어서 한글專用派는 對象이 될지언정 主體의 자리에 설 수는 없는 性質의 것이었다. 그러나 國語硏究院은 지난날의 文敎部, 오늘의 文化觀光體育部 管轄 아래 있었으므로, 한글專用派가 이것을 그대로 둘 리가 없다. 오늘날에는 硏究院은 한글專用派에 의해 接收되어 있고, 한글專用派의 입김을 입은 사람이어야 研究院 院長 자리에 앉을 수 있으며, 研究院의 研究內容이나 方向도 自然히 그에 따르고 있는 實情이다. 이를테면 〈새국어생활, 제13권 제3호, 2003년 여름, 국립국어연구원〉을 보아도 그 事情을 짐작할 수 있다.

第20조는 每年 10月 9日을 한글날로 定하고 紀念行事를 行한다는 것이다. 從來 한글날 紀念은 한글專用派들의 勢力을 늘리고 다지는 데에 重要한 구실을 하여왔다. 이 한글날 行事의 意義는 없으므로 역시 廢止하는 것이 좋다. 이 밖의 몇 條文은 이미 다룬 條文에서 말한 바를 다시 다짐하거나 事務上의 注意事項 등을 이른 것이거나 하여서 들어 다룰 만할 것이 못된다.

以上으로써 27條에 이르는 국어기본법을 넓은 視野로 眺望하여 本質을 드러내어 보이기도 하고, 各 條項마다를 細細히 檢討하며 그 不條理를 批判하기도 하였다. 위 解說을 읽은 讀者들이 얻게 될 새로운 認識을 다음과 같이 要約할 수 있을 것이다.

첫째: 기본법은 한글專用과 '어문규범'을 國民들이 徹底히 遵守하도록 法으로 規制한 것이다. 기본법의 條文들은 結局 이 기본법의 核心, 한글專用派의 目標로 收斂된다.

둘째: 기본법에서 '국어'라는 用語는 實質的으로는 한글專用과 '어문규범'의 테두리 안의 '국어'를 가리키는 것이다. 그리하여 한글專用派는 한글專用, '어문규범'을 가리킬 때 '국어'라는 말로 代替하여 사람들로 하여금 그들의 本目標의 正體를 알아보지 못하게 하고 있다.

셋째: 기본법에서 "한글專用만 許容되는 '국어'"는 몇 겹의 防衛線으로

守護되고 難攻不落의 要塞 안에 安定되어 있어 기본법을 무너뜨리기는 至難하다. 기본법이 施行되는 限 우리 國民은 한글專用의 '국어'만 쓰도록 統制되며, 그러는 限 「올바른 國語 — 漢字語 漢字表記의 國語」를 쓸 自由는 抹殺된다.

넷째: 우리 國家, 國民은 한글專用派에 欺瞞되어 反國家, 反民族, 反文化, 反正義의 국어기본법을 도리어 專心全力하여 떠받드는 愚鈍, 迷惑, 非理性的인 몰골을 보이고 있다.

국어기본법[1)]

2005.1.27 7368호 제정
2008.2.29 8852호 개정
3.28 9003호 개정
2009.3.18 9491호 개정

제1장 총칙

제1조(목적)

이 법은 국어의 사용을 촉진하고 국어의 발전과 보전의 기반을 마련하여 국민의 창조적 사고력의 증진을 도모함으로써 국민의 문화적 삶의 질을 향상하고 민족문화의 발전에 이바지함을 목적으로 한다.

제2조(기본 이념)

국가와 국민은 국어가 민족 제일의 문화유산이며 문화창조의 원동력임을 깊이 인식하여 국어발전에 적극적으로 힘씀으로써 민족문화의 정체성을 확립하고 국어를 잘 보전하여 후손에게 계승할 수 있도록 하여야 한다.

제3조(정의)

이 법에서 사용하는 용어의 정의는 다음과 같다. 〈개정 2009.3.18〉

1. "국어"라 함은 대한민국의 공용어로서 한국어를 말한다.
2. "한글"이라 함은 국어를 표기하는 우리의 고유문자를 말한다.
3. "어문규범"이라 함은 제13조의 규정에 의한 국어심의회의 심의를 거쳐 제정한 한글맞춤법, 표준어규정, 표준어발음법, 외래어표기법, 국어의 로마자표기법 등 국어사용에 필요한 규범을 말한다.
4. 삭제 〈2009.3.18〉[2)]

1) '대법원 종합법률정보서비스'에 전문 수록.

5. "국어능력"이라 함은 국어를 통하여 생각이나 느낌 등을 정확하게 표현하고 이해하는 데 필요한 듣기·말하기·읽기·쓰기 등의 능력을 말한다.

제4조(국가와 지방자치단체의 책무)

① 국가와 지방자치단체는 변화하는 언어사용환경에 능동적으로 대응하고, 국민의 국어능력의 향상과 지역어의 보전 등 국어의 발전과 보전을 위하여 노력하여야 한다.

② 국가와 지방자치단체는 정신·신체상의 장애에 의하여 언어사용에 어려움을 겪고 있는 국민이 불편없이 국어를 사용할 수 있도록 필요한 정책을 수립하여 시행하여야 한다.

제5조(다른 법률과의 관계)

국어의 사용과 보급 등에 관하여 다른 법률에 특별한 규정이 있는 경우를 제외하고는 이 법이 정하는 바에 따른다.

제2장 국어발전기본계획의 수립 등

제6조(국어발전기본계획의 수립)

① 문화체육관광부장관은 국어의 발전과 보전을 위하여 5년마다 국어발전기본계획(이하 "기본계획"이라 한다)을 수립·시행하여야 한다. 〈개정 2008.2.29〉

② 문화체육관광부장관은 기본계획을 수립하고자 하는 경우에는 제13조의 규정에 의한 국어심의회의 심의를 거쳐야 한다. 〈개정 2008.2.29〉

③ 기본계획에는 다음 각호의 사항이 포함되어야 한다.

1. 국어정책의 기본방향과 추진목표에 관한 사항
2. 어문규범의 제정 및 개정의 방향에 관한 사항
3. 국민의 국어능력증진과 국어사용환경의 개선에 관한 사항
4. 국어정책과 국어교육의 연계에 관한 사항
5. 국어의 선양과 국어문화유산의 보전에 관한 사항
6. 국어의 국외보급에 관한 사항
7. 국어의 정보화에 관한 사항
8. 남북한 언어통일방안에 관한 사항

---

2) 처음에 "4. '공공기관'이라 함은 국가기관, 지방자치단체, 정부투자기관관리기본법 제2조의 규정에 의한 정부투자기관 그 밖에 법률에 의하여 설립된 특수법인을 말한다."로 된 것을 삭제.

9. 정신 · 신체 상의 장애에 의하여 언어사용에 어려움을 겪고 있는 국민 및 국내 거주 외국인의 국어사용 상의 불편 해소에 관한 사항
10. 국어발전을 위한 민간부문의 활동 촉진에 관한 사항
11. 그 밖에 국어의 사용 · 발전 및 보전에 관한 사항

제7조(시행계획의 수립 등)

① 문화체육관광부장관은 기본계획을 실천하기 위한 세부계획(이하 "시행계획"이라 한다)을 수립 · 시행하여야 한다.〈개정 2008.2.29〉

② 문화체육관광부장관은 시행계획의 수립 · 시행과 관련하여 필요한 경우 국가기관, 지방자치단체, 「공공기관의 운영에 관한 법률」에 따른 공공기관, 그 밖의 법률에 따라 설립된 특수법인(이하 "공공기관등"이라 한다) 중 관련 기관의 장에게 협조를 요청할 수 있다.〈개정 2008.2.29, 2009.3.18〉

제8조(보고)

정부는 2년마다 국어의 발전과 보전에 관한 시책 및 그 시행결과에 관한 보고서를 당해연도 정기국회 개시 전까지 국회에 제출하여야 한다.

제9조(실태조사 등)

① 문화체육관광부장관은 국어정책의 수립에 필요한 국민의 국어능력 · 국어의식 · 국어사용환경 등에 관한 자료를 수집하거나 실태를 조사할 수 있다.〈개정 2008.2.29〉

② 문화체육관광부장관은 제1항의 규정에 의한 자료수집이나 실태조사를 위하여 필요한 경우에는 국가기관 및 국어 관련 법인 · 단체 등에 대하여 자료의 제출이나 의견의 진술 등을 요구할 수 있다.〈개정 2008.2.29〉

③ 국어능력 · 국어의식 · 국어사용환경 등 실태조사의 실시에 관하여 필요한 사항은 대통령령으로 정한다.

제10조(국어책임관의 지정)

① 국가기관 및 지방자치단체의 장은 국어의 발전 및 보전을 위한 업무를 총괄하는 국어책임관을 그 소속공무원 중에서 지정할 수 있다.

② 제1항의 규정에 의한 국어책임관의 지정 및 임무 등에 관하여 필요한 사항은 대통령령으로 정한다.

제3장 국어사용의 촉진 및 보급

제11조(어문규범의 제정 등)

문화체육관광부장관은 제13조의 규정에 의한 국어심의회의 심의를 거쳐 어문규범을 제정하고, 그 내용을 관보에 고시하여야 한다. 이를 개정하는 경우에도 또한 같다. 〈개정 2008.2.29〉

제12조(어문규범의 영향평가)

① 문화체육관광부장관은 어문규범이 국민의 국어사용에 미치는 영향과 어문규범의 현실성 및 합리성 등을 평가하여 정책에 반영하여야 한다. 〈개정 2008.2.29〉

② 제1항의 규정에 의한 평가의 항목·방법 및 시기에 관한 사항은 대통령령으로 정한다.

제13조(국어심의회)

① 국어의 발전과 보전을 위한 중요사항을 심의하기 위하여 문화체육관광부에 국어심의회(이하 "국어심의회"라 한다)를 둔다. 〈개정 2008.2.29〉

② 국어심의회는 다음 각호의 사항을 심의한다. 〈개정 2008.2.29〉

1. 기본계획의 수립에 관한 사항
2. 어문규범의 제정 및 개정에 관한 사항
3. 그 밖에 국어의 발전과 보전에 관하여 문화체육관광부장관이 부의하는 사항

③ 국어심의회는 위원장 1인과 부위원장 1인을 포함한 60인 이내의 위원으로 구성한다.

④ 위원장과 부위원장은 위원 중에서 호선하고, 위원은 국어·언어학 또는 이와 관련된 분야에 전문지식이 있는 자 중에서 문화체육관광부장관이 위촉한다. 〈개정 2008.2.29〉

⑤ 제2항 각호의 사항을 심의하기 위하여 국어심의회에 분과위원회를 둘 수 있다.

⑥ 제1항의 규정에 의한 국어심의회의 구성 및 운영 등에 관하여 필요한 사항은 대통령령으로 정한다.

제14조(공문서의 작성)

① 공공기관 등의 공문서는 어문규범에 맞추어 한글로 작성하여야 한다. 다만, 대통령령이 정하는 경우에는 괄호 안에 한자 또는 다른 외국문자를 쓸 수 있다. 〈개정 2009.3.18〉

② 공공기관 등이 작성하는 공문서의 한글사용에 관하여 그 밖에 필요한 사항은 대통령령으로 정한다. 〈개정 2009.3.18〉

제15조(국어문화의 확산)

① 문화체육관광부장관은 바람직한 국어문화가 확산될 수 있도록 신문·방송·잡지·인터넷 또는 전광판 등을 활용한 홍보와 교육을 적극적으로 시행하여야 한다. 〈개정 2008.2.29〉

② 신문·방송·잡지·인터넷 등의 대중매체는 국민의 올바른 국어사용에 이바지하도록 노력하여야 한다.

제16조(국어정보화의 촉진)

① 문화체육관광부장관은 국어를 통하여 지식·정보를 생산하고 활용하여 새로운 문화를 창조할 수 있도록 국어정보화를 위한 각종 사업을 적극 시행하여야 한다. 〈개정 2008.2.29〉

② 국가는 인터넷 및 원격정보통신서비스망 등 정보통신망을 활용하는 국민이 국어를 편리하게 사용할 수 있도록 필요한 정책을 시행하여야 한다.

③ 정보통신망이용촉진및정보보호등에관한법률 제2조제3호의 규정에 의한 정보통신서비스제공자는 국민이 국어를 편리하게 사용할 수 있도록 필요한 조치를 하여야 한다.

제17조(전문용어의 표준화 등)

국가는 국민이 각 분야의 전문용어를 쉽고 편리하게 사용할 수 있도록 표준화하고 체계화하여 보급하여야 한다.

제18조(교과용 도서의 어문규범 준수)

교육과학기술부장관은 초·중등교육법 제29조의 규정에 의한 교과용 도서를 편찬하거나 검정 또는 인정하는 경우에는 어문규범을 준수하여야 하며, 이를 위하여 필요한 경우 문화체육관광부장관과 협의할 수 있다. 〈개정 2008.2.29〉

제19조(국어의 보급 등)

① 국어는 국어를 배우고자 하는 외국인과 재외동포의출입국과법적지위에관한법률에 의한 재외동포(이하 "재외동포"라 한다)를 위하여 교육과정과 교재를 개발하고 전문가를 양성하는 등 국어의 보급에 필요한 사업을 시행하여야 한다.

② 문화체육관광부장관은 재외동포나 외국인을 대상으로 국어를 가르치고자 하는 자에게 자격을 부여할 수 있다. 〈개정 2008.2.29〉

③ 제2항의 규정에 의한 자격요건 및 자격부여의 방법 등에 관하여 필요한 사항은 대통령령으로 정한다.

제20조(한글날)

① 정부는 한글의 독창성과 과학성을 국내외에 선양하고 범국민적 한글사랑 의식을 고취하기 위하여 매년 10월 9일을 한글날로 정하고, 기념행사를 행한다.

② 제1항의 규정에 의한 기념행사에 관하여 필요한 사항은 대통령령으로 정한다.

제21조(민간단체 등의 활동 지원)

국가와 지방자치단체는 국어의 발전과 보급을 목적으로 활동하는 법인·단체 등에 대하여 예산의 범위 안에서 필요한 지원을 할 수 있다. 〈개정 2008.3.28〉

제4장 국어능력의 향상

제22조(국어능력의 향상을 위한 정책 등)

① 국가와 지방자치단체는 국민의 국어능력향상을 위한 기회를 균등하게 제공하는 데에 힘써야 하며, 국어능력의 향상에 필요한 정책을 수립하여 시행하여야 한다.

② 제1항의 규정에 의한 정책을 효율적으로 추진하기 위하여 관계 중앙행정기관 간의 협의기구를 구성·운영할 수 있다.

③ 협의기구의 구성 및 운영에 관하여 필요한 사항은 대통령령으로 정한다.

제23조(국어능력의 검정)

① 문화체육관광부장관은 국민의 국어능력의 향상과 창조적인 언어생활의 정착을 위하여 국어능력을 검정할 수 있다. 〈개정 2008.2.29〉

② 제1항의 규정에 의한 국어능력의 검정방법·절차·내용 및 시기에 관하여 필요한 사항은 대통령령으로 정한다.

제24조(국어문화원의 지정 등 〈개정 2008.3.28〉)

① 문화체육관광부장관은 국민들의 국어능력을 높이고 국어와 관련된 상담을 할 수 있도록 대통령령이 정하는 전문인력과 시설을 갖춘 국어관련 전문기관·단체 또는 고등교육법 제2조의 규정에 의한 학교의 부설기관 등을 국어문화원으로 지정할 수 있다. 〈개정 2008.2.29, 2008.3.28〉

② 국가는 제1항의 규정에 따라 지정된 국어문화원에 대하여 운영에 필요한 경비의 일부를 예산의 범위 안에서 보조할 수 있다. 〈개정 2008.3.28〉

③ 문화체육관광부장관은 지정된 국어문화원이 전문인력과 시설을 유지하지 못하여 국어문화원으로서의 기능을 계속 수행하기 어렵다고 인정할 때에는 지정을 취소할 수 있다. 〈개정 2008.2.29, 2008.3.28〉

④ 제1항의 규정에 의한 국어문화원의 지정방법 등에 관하여 필요한 사항은 대통령령으로 정한다. 〈개정 2008.3.28〉

제5장 보칙

제25조(협의)

중앙행정기관의 장은 국어의 사용에 관한 내용이 포함된 법령을 제정하거나 개정하고자 할 때에는 미리 문화체육관광부장관과 협의하여야 한다. 〈개정 2008.2.29〉

제26조(청문)

문화체육관광부장관은 제24조제3항의 규정에 따라 국어문화원의 지정을 취소하고자 하는 경우에는 청문을 실시하여야 한다. 〈개정 2008.2.29, 2008.3.28〉

제27조(권한의 위임ㆍ위탁)

① 문화체육관광부장관은 이 법에 의한 권한의 일부를 대통령령이 정하는 바에 따라 특별시장ㆍ광역시장 또는 도지사에게 위임할 수 있다. 〈개정 2008.2.29〉

② 문화체육관광부장관은 이 법에 의한 업무의 일부를 대통령령이 정하는 바에 따라 관련 기관ㆍ단체 등에 위임 또는 위탁할 수 있다. 〈개정 2008.2.29, 2008.3.28〉

부칙〈제7367호, 2005.1.27〉

제1조 (시행일) 이 법은 공포 후 6월이 경과한 날부터 시행한다.

제2조 (다른 법률의 폐지) 한글전용에관한법률은 폐지한다.

제3조 (공문서의 작성에 관한 적용례) 제14조의 규정은 이 법 시행 후 최초로 작성하는 공문서부터 적용한다.

제4조 (어문규범에 관한 경과조치) 이 법 시행 당시 종전의 문화예술진흥법 제7조의 규정에 의한 어문규범은 제11조의 규정에 의한 어문규범으로 본다.

제5조 (국어심의회에 관한 경과조치) 이 법 시행 당시 종전의 문화예술진흥법 제6조의 규정에 따라 설치된 국어심의회는 제13조의 규정에 따라 설치된 국어심의회로 본다.

제6조 (다른 법률의 개정) 문화예술진흥법 중 다음과 같이 개정한다.

제2장(제5조 내지 제8조)을 삭제한다.

부칙(정부조직법) 〈제8852호, 2008.2.29〉

제1조 (시행일) 이 법은 공포한 날부터 시행한다. 다만, 제31조제1항의 개정규정 중 "식품산업진흥"에 관한 부분은 2008년 6월 28일부터 시행하고, 부칙 제6조에 따라 개정되는 법률 중 이 법의 시행 전에 공포되었으나 시행일이 도래하지 아니한 법률을 개정한 부분은 각각 해당 법률의 시행일부터 시행한다.

제2조부터 제5조까지 생략

제6조 (다른 법률의 개정) ①부터 〈248〉까지 생략

〈249〉 국어기본법 일부를 다음과 같이 개정한다.

제6조제1항·제2항, 제7조제1항·제2항, 제9조제1항·제2항, 제11조, 제12조제1항, 제13조제2항제3호·같은 조 제4항, 제15조제1항, 제16조제1항, 제18조, 제19조제2항, 제23조제1항, 제24조제1항·제3항, 제25조, 제26조 및 제27조제1항·제2항 중 "문화관광부장관"을 각각 "문화체육관광부장관"으로 한다.

제13조제1항 중 "문화관광부"를 "문화체육관광부"로 한다.

제18조 중 "교육인적자원부장관"을 "교육과학기술부장관"으로 한다. 〈250〉부터 〈760〉까지 생략

제7조 생략

부칙 〈제9003호, 2008.3.28〉

①(시행일) 이 법은 공포한 날부터 시행한다.

②(경과조치) 이 법 시행 당시 이미 지정된 국어상담소는 제24조의 개정규정에 따라 국어문화원으로 지정된 것으로 본다.

부칙 〈제9491호, 2009.3.18〉

이 법은 공포한 날부터 시행한다.